大夏书系·全国中小学班主任培训用书

Banzhuren Zhuanye Chengzhang
100 Ge Qian Zi Miaozhao

班主任专业成长
100个千字妙招

张万祥——主编

华东师范大学出版社
全国百佳图书出版单位

图书在版编目（CIP）数据

班主任专业成长：100个千字妙招/张万祥主编. —上海：华东师范大学出版社，2012.8
ISBN 978-7-5617-9899-7

Ⅰ.①班… Ⅱ.①张… Ⅲ.①班主任工作—工作方法
Ⅳ.①G451.6

中国版本图书馆CIP数据核字（2012）第211626号

大夏书系·全国中小学班主任培训用书

班主任专业成长
——100个千字妙招

主　　编	张万祥
策划编辑	李永梅
审读编辑	杨　坤
封面设计	人马艺术设计
责任印制	殷艳红
出版发行	华东师范大学出版社
社　　址	上海市中山北路3663号　邮编 200062
网　　址	www.ecnupress.com.cn
电　　话	021-60821666　行政传真 021-62572105
客服电话	021-62865537
邮购电话	021-62869887　地址　上海市中山北路3663号华东师范大学校内先锋路口
网　　店	http://hdsdcbs.tmall.com/
印 刷 者	北京密兴印刷有限公司
开　　本	700×980　16开
印　　张	14.5
插　　页	1
字　　数	160千字
版　　次	2012年10月第一版
印　　次	2021年12月第七次
印　　数	21 101—23 100
书　　号	ISBN 978-7-5617-9899-7/G·5871
定　　价	29.80元
出 版 人	朱杰人

（如发现本版图书有印订质量问题，请寄回本社市场部调换或电话021-62865537联系）

目 录
Contents

| 序 | 锤炼精品,追求卓越

| 第一辑 | 修心养性

1. 觉醒了,成长才幸福/郑立平 | 3
2. 走一步,再走一步/王立华 | 5
3. 快乐是工作的第一要务/刘 祥 | 7
4. 心静人踏实/王莉(安阳)| 9
5. 用心做班主任/郑光启 | 11
6. 摘掉"镣铐"跳舞/罗文芹 | 13
7. 致力于涵养教育情怀/何凤彩 | 15
8. "逼"自己成长/陈爱勤 | 17
9. 经验+反思+读书=我的专业成长/刘燕山 | 19

10. 做一棵会走路的树/李靖华 | 21

11. 修心促我成长/张新秋 | 23

12. 聆听穿林打叶声/侯建霞 | 25

13. 爱，专业成长的起点/钱碧玉 | 27

14. 那些人·那些事·那些感动/王振刚 | 29

| 第二辑 | **确立观念**

15. 做一个有想象力的班主任/郑学志 | 33

16. 让孩子爱上我，而不是怕我/郑丹娜 | 35

17. 把学生发展成我们的帮手/冯婉迪 | 37

18. 教育因尝试而精彩/刘坚新 | 39

19. 低头拉磨，抬头看路/陈晓华 | 41

20. 德育预设让我 hold 住整个场面/钟 杰 | 43

21. 与学生牵手/周玉波 | 45

22. 成长，因为"孩子"/钱志惠 | 47

23. 我的儿童节/李善玉 | 49

24. 主动让学生评价我们/赵 坡 | 51

25. 以尊重赢得敬重/宋子谦 | 53

26. 学生的爱促我成长/王莉（深圳）| 55

27. 和家长做朋友/吴樱花 | 57

28. 跟老妈学做班主任/孙玉玺 | 59

29. 情
　　——我专业成长的"高招"/王有鹏 | 61

第三辑　应对挑战

30. 挫败、"问题学生"和寂寞
　　——我成长中的关键因素/李　迪 | 65

31. 成长
　　——历经蜕变绽放美丽/王新国 | 67

32. 对自己可以狠一点/全　斌 | 69

33. 救赎，让自己不断强大/许丹红 | 71

34. 幸福来敲门
　　——我成长中的关键事件/罗少武 | 73

35. 给自己备一张"凉板凳"/王国伟 | 75

36. 成长始于挫败/杨亚敏 | 77

37. 选好脚下路，自然到天涯/欧阳利杰 | 79

38. 当班主任，给我创造了专业成长的机会/张国东 | 81

39. 要有勇气建设一个"不优秀"的班集体/王　君 | 83

40. 练成班主任中的"功夫熊猫"/朱建山 | 85

41. 立志·磨剑·扬帆
　　——铁杆班主任的幸福人生/杨春林 | 87

42. 用赞美叩开心门/许　玲 | 89

43. 论坛学习使我羽翼渐丰/温爱娟 | 91

第四辑 认真反思

44. 悦纳质疑,战胜自己/万 玮 | 95

45. 行有不得,反求诸己
    ——在反思中走向成长/郑 英 | 97

46. 反思,助我成长/何永泽 | 99

47. 在茫然中寻找阳光/朱一花 | 101

48. 阴霾过后是晴天/李 波 | 103

49. 在思考中成长/贾兆俊 | 105

50. 做心灵的医师/周枫琳 | 107

51. "三偷"照亮专业成长的道路/宋 蕾 | 109

52. 践行·勤思·改变/贾 文 | 111

53. 从立足点深挖下去,必有清泉涌出/纪继兰 | 113

54. 我顿悟,故我在/张舍光 | 115

55. 不再制造"悲剧"/甘小琴 | 117

56. "点"石成金/黄长贵 | 119

57. 那些年,我们一起追过的梦/陈文华 | 121

第五辑 智慧成长

58. 专业共同体,让生命有着阳光的味道/覃丽兰 | 125

59. 《陌上花开》,让成长花开不败/李习勤 | 127

60. 在诗意的教育中成长/董彦旭 | 129

61. "歪点子"助我成长/徐　忠 | 131

62. 用故事开启"幸福教育"之旅/汪跃峰 | 133

63. 积淀·沉淀·提升
　　——我专业成长的三部曲/瞿新忠 | 135

64. 潺潺清泉入我心/陈德红 | 137

65. "三心二意"
　　——我的成长之路/杨宏杰 | 139

66. 在借鉴中入门/纪雪林 | 141

67. 巧借东风,扬帆远航/曹建英 | 143

68. 爱心·诊疗·自主化
　　——我成长的三个三年/潘雪陵 | 145

69. 名师引领我专业成长/刘　强 | 147

70. 让生涯教育课引领学生成长/秦　望 | 149

71. 别样的校本教研/郭华云 | 151

72. 别停下敲击键盘的手/朱晓玲 | 153

73. 网络撞出的"专家"/管宗珍 | 155

74. 敢在名师面前班门弄斧/牛胜荣 | 157

75. 野百合的春天
　　——一个"80后"班主任的成长/李　晶 | 159

第六辑　执著追求

76. 咬定青山不放松/焦美玲 | 163

77. 教育生命的突围/侯登强 | 165

78. 我追索，因为我欠缺/申淑敏 | 167

79. 吾将上下而求索/牛瑞锋 | 169

80. 有梦，就当追逐/贺华义 | 171

81. 追求，不应停止前行的脚步/宁　杰 | 173

82. 只为心中的芬芳/刘　霄 | 175

83. 随时出发都不晚/刘盛柔 | 177

84. 我一直在坚持不懈地努力/刘令军 | 179

85. 与艰辛、快乐同行/刘巧云 | 181

86. 尊重内心拔节的呼唤/潘　颖 | 183

87. 悠悠写作路/王教刚 | 185

88. 体育老师也可以做成功的班主任/崔建斌 | 187

89. 爱上，只一瞬间而已/高莉莉 | 189

90. 没有围墙的教育/孙　雯 | 191

91. 教学能力是班主任的立身之本/王立文 | 193

92. 做重视心理健康教育的新型教师/杨　杰 | 195

93. 追求·反思·追求/朱雅芳 | 197

| 第七辑 | 酷爱阅读

94. 我的德育课程开发之路/谱志惠 | 201

95. "煮字疗饥"另一味/黎志新 | 203

96. 最是书香能致远/韩素静 | 205

97. 让生命在阅读中怒放/王杰英 | 207

98. 不甘心当一条"可怜的咸鱼"/冯华荣 | 209

99. 教育幸福路,书香伴我行/赵新勇 | 211

100. 书,助我开发生命潜能/邢奇志 | 213

| 后 记 |

序　锤炼精品，追求卓越

从挚爱的教育工作岗位上退下来之后，我随即把帮助、培养青年班主任作为自己专攻的"主业"，具体工程之一就是主编了二十几本书，为有志有为的青年班主任展示才华、智慧搭建了熠熠闪光的平台。每本书，我都力求推出新人；每本书，我都力求锤炼成精品。于是，承载着众多班主任在喧嚣中潜心研究、在浮躁中沉静思考、在清贫中创造财富、在平凡中铸就伟大的心路历程的《破解班主任难题》、《给年轻班主任的建议》、《教师专业成长的途径——30位优秀教师的案例》、《班主任专业成长的途径——40位优秀班主任的案例》、《班主任其实好当——44位优秀班主任的秘诀》、《全国知名青年班主任谈专业成长》、《幸福教师的60个"不"》、《这样做，教师更幸福》等书先后问世，不少已成为畅销书。特别是由华东师范大学出版社出版的《教师专业成长的途径——30位优秀教师的案例》入选"全国教师教育推荐使用课程资源"和"2006年中小学图书馆（室）推荐书目"，至今已经印刷了12次；《给年轻班主任的建议》入选"2006年中小学图书馆（室）推荐书目"，至今已经印刷了14次。

当今涉及班主任培训的书籍越来越多，其中有不少精品，深受广大青年班主任的喜爱。如何在这方面有所突破，主编出"更上一层楼"的书籍是我深思的问题。经过广泛的阅读、深入的思考，我决定主编《班主任专业成长——100个千字妙招》、《班主任工作艺术——100个千字妙招》这两本书，而这两本书将以众多出类拔萃的作者（每本书百名作者）、短小精悍的内容（每篇文章千余字）、承载信息量丰富而独树一帜。这也是我锤炼精品、追求卓越的新举措。这两本书中的每篇文章仅仅千余字，等同于文学中的短篇小说、小小说。提到莫泊桑，人们首先想到的往往不是他的《一生》、《漂亮朋友》、《温泉》、《我们的心》、《皮埃尔和让》、《如死一般强》这六部长篇小说，而是《项链》、《羊脂球》、《米龙老爹》等深邃隽永的短篇；契诃夫一生著述颇丰，既有剧本，又有中篇小说，但是人们首先想到的往往是他的《套中人》、《变色龙》、《普里希别叶夫中士》等脍炙人口的短篇——有时候精粹的短篇胜过鸿篇巨制。

为了锤炼出精品，我通过各种途径物色优秀作者。我确定了入选文章的要求——文章要具备百读不厌的魅力，要有吸引力、震撼力、冲击力。

在征稿时，我对作者说："亲爱的青年朋友们，也许你已经出版了产生巨大影响的专著，而且不止一部两部，也许你已经发表了几十篇及至几百篇不同凡响的文章，那么请以此为基础、为底色精心打磨你的顶峰佳作吧！今后，一提到班主任工作艺术、班主任专业成长，人们立即会想到你的这篇文章。让你的名字、你的教育智慧将凭这两部书而为更多青年班主任朋友所熟悉。

"亲爱的青年朋友们，也许你已经写了几篇文章，也投过稿，但是屡屡未中，也许你刚刚走上班主任工作岗位，还没有写过有关班主任工作的文章。这不要紧，相信你的心中必有璀璨的珍珠，请你鼓足勇气，以这次征稿为契机，展示心中珍珠的璀璨。这是一个高起点，一旦你成功了，迎接你的必定是满天的朝霞。"

全国有600多位优秀班主任朋友热烈响应，发来稿件。本着"锤炼精品，追求卓越"的宗旨，经过反复筛选，我们最后确定了200篇。这是优秀班主任的切身体验和至深感悟，是殚精竭虑的思想火花，是深思熟虑的真知灼见，是教育思想者、改革者、实践者智慧思考的结晶。

这200篇文章出自优秀班主任的笔端，更是成千上万教育工作者的心声。一个水滴可以折射出太阳的光芒，一朵浪花可以蕴涵大海的浩瀚。而这一个个教育故事的背后则是变幻无穷的教育大世界。

"锤炼精品，追求卓越"是我主编这两本书的宗旨，是青年班主任撰写书稿的标尺，更希望它能成为青年班主任今后工作和写作的目标。

张万祥

2012 年 5 月 1 日

第一辑 修心养性

◇ 一个人如果选择了自己想做、能做而且社会需要的事情，并沉醉地做着，这个人无疑就是最幸福、最快乐的。

◇ 一个人能走多远，不要问脚而要问心。为名利而工作，只会让自己越走越累，路也会越走越窄。看淡这些，不仅没有失去，反而会收获更多。

◇ "心生则种种法生，心灭则种种法灭。"修心养性，让"大爱"、"喜悦"、"宽厚"、"仁慈"终生陪伴，你会感受到育人的快乐，你会享受到耕耘的幸福，你会品味收获的醇香。

1. 觉醒了，成长才幸福

郑立平

沉闷了许久的夏日，好像正在酝酿着一场不可避免的暴雨，记忆定格在 2002 年秋那个难忘的夜晚。在为新上任的校长接风的盛大酒宴上，已经习惯少言的我，却不知为何一反常态，用狂饮抒发着心中的困惑与苦闷。一杯，一杯……我醉了。

当我睁开眼时，刺眼的白色惊得我浑身颤抖，药液滴答滴答地流进血管，用手摸摸头上的绷带，我惊异——自己怎么了？身在哪里？是怎么来到这里的？麻木的大脑理不出头绪，一阵疼痛袭来。妻子温柔的手轻轻抚在我的额头上，病房死一样的寂静冲开记忆的隧道：一连七八年担任教导主任的努力与委屈，身边形形色色的人在利欲面前的表演与挣扎，以为凭自己辉煌的成绩和较好的素质就能得到重用的天真与幼稚，一次次眼看"水到渠成"却又都出乎意料失去的困惑……酸甜苦辣一股脑地涌上心头，泪水像决堤的洪水流了出来。

一天，又一天，似睡非睡，似醒非醒。慢慢地，心变得越来越宁静而淡定。我像一只在蛹中蜕变的小虫，舔舐着心灵的伤口，同时在病痛中勾画着飞翔的未来。我不住地扣问自己：我追求了若干年的梦难道就是一个小小的官职？明知道没有那种所谓的门路关系，我干吗非要痴迷？我是不是走错了方向？我到底想要成为一个怎样的自己？我是不是应该重新审视自己，走一条更为宽广而幸福的路？……

一天清晨，我忽然如梦初醒：原来，自己和许多教师一样犯了一个致命的错误，那就是经不住世俗功利的诱惑，把自己的发展逼进了一条死胡同，片面地以为自身的价值只有通过努力去当"官"、当"校长"才能实现，甚至在一次次失落与打击中仍然执迷不悟。殊不知，它根本不适合自己！

放下了，浑身轻松。从此，我开始踏上了真正的学术成长之路——读书、学习、实践、反思。走近苏霍姆林斯基、亚米契斯、杜威、赞可夫……我感受着教育的博大与神奇；聆听孔子、陶行知、魏书生、朱永新……我领悟着教育的内涵和真谛。狭隘的心灵一次次在博大的胸怀面前自惭形秽；愚昧的头脑在科学大河的洗涤下逐渐有点清醒；世俗的双眼在智慧的光芒照耀下，看到了前面更广阔的路。从2005年尝试着著书立说、各地讲学，到2006年被评为山东省十大创新班主任之一；从2009年入选齐鲁名师，到2010年被评为山东省比较年轻的特级教师；从2009年创立"心语"民间学术组织，到现在出版自己的第8部著作……

我不知道还要走多远，但我坚信：获得了释放的心灵，正一步步接近蓝天！

【我的教育理念】

佛不度我，我自度；不为彼岸，只为海。我不知道教育是不是我最喜欢的行业，只是觉得这片土地上到处都有我渴望的风景。一个人如果选择了自己想做、能做而且社会需要的事情，并沉醉地做着，这个人无疑就是最幸福、最快乐的。或许只是这傻傻的快乐，也"快乐着"我的伙伴、我的同事、我的亲人，"快乐着"我的生活、我的成长、我的生命。

2. 走一步，再走一步

王立华

课余饭后，散步成了我每日的必修课，即便是到外地出差，我也没有停止晃晃悠悠地行进。散步，在岁月的认可中，与我的生活达成了一种默契。

散步，节奏缓慢，是一种冷色调的闲适活动，少了点浪漫和华贵，却很适合我对己对物进行理性的哲学省察。天戴在头上，地穿在脚下。散步时，哪儿舒服脚就往哪儿挪。

散步时，我徜徉于"胡思乱想"中：有时我会想起曾经拜读过的大师著作，投身于战国诸子、文艺复兴巨匠和近代教育大师的那些大气磅礴的学术思想的怀抱，我的心灵便沐浴在思想圣洁的光辉中；有时我会想起那些感动过我的教育点滴，审查自己的教育实践的得失之处；有时我会回忆起那些自己考察过的蛮荒村寨、远古岩画、古宅大院，那些剥蚀了浮夸的殿檐琉璃，那些淡褪了朱红炫耀的门壁，那些历久而愈加苍幽的老柏，那些……恍惚之间，我仿佛穿越了时空，给自己的思考、实践重新定位。走着走着，心绪渐缓渐平，我经常会看到往日繁华、喧闹背后的虚无和那份守住自我的心安：内心深处灵动却不躁动，平静却不平淡，平常却不平庸。

"江西的冬天很冷。起初，邓小平去厂里劳动，走大路，要走将近一个小时，既劳累又不安全。工人们就在工厂的后墙开了一道小门，专供邓小平夫妇出入。从那以后，人们发现，每天清晨和中午，都有两位老人行进在这片田间。日复一日，年复一年，渐渐地踏出了一条坚实的小道。直到今天，这里的人们还称它为'邓小平小道'。在这条坎坷的小道上，邓小平走了三年，思考了三年。有人说，中国后来发生的许多事情，就是从这条小道延伸出来的。"①

真得感谢这条小道！但2003年我却没有品出这条小道的韵味。那一年去南昌讲课之余，我曾去望城岗瞻仰了一番，并沿着这条小道走了数十圈，过了一个半小时，我除了劳累别无他感。这些年，走过一些地方，也经历了一些事情，我才明白，在这一步一步的蕴蓄之中，他的思想不断明确、坚定起来，为日后的生活做好了最充分的准备。

在德国的哥尼斯堡和日本的京都都有一条叫作"哲学家之道"的小路，它们分别用来纪念著名哲学家康德和西田几多郎，因为他们在小道上散步时都曾思考过很多哲学问题。走在这两条小道上的人很多，但康德、西田几多郎却各只有一个。

就像每个人都可以拥有平平常常的人间情意一样，贩夫走卒、文人墨客、达官贵人，人人都可以拥有散步这种生活方式，只要他的内心是生动的，是精致的，是充盈的。

一种习惯，过一种生活；一种心境，读一段人生。今后，我仍将会晃悠着走下去，回归自我、守住自我、成就自我，让我的教育人生在省察中徐徐展开。

【我的教育理念】

经过哲学省察后的教育才是安全的、可靠的，具有可持续发展力的。因为一名班主任若能经常思考，就意味着精神的觉醒、理性的彻悟，意味着坚定、成熟、练达和自信，意味着经历反思后实现全新的超越。

---

① 参见中共中央文献研究室和中央电视台联合创作的大型电视文献纪录片《邓小平》。

3. 快乐是工作的第一要务

刘 祥

我以为，工作的第一要务是获取快乐。

在网络中驰骋时，有同行关心地询问我的工作量。我便非常诚实地作出以下交待：高中两个毕业班的语文课，加一个班的班主任，每周正课课时为18节，补课课时4节，早自修看堂每周5个，晚自修辅导3个，每晚从7点到10点半；除此之外，还担任一家省级综合期刊专栏主持，两个很是热闹的大型教育教学论坛版主，还不定期地赴全国各地参加各种教学研讨活动，开设各种类型的公开课或专题讲座；每天还要坚持阅读万余字的文章，写千余字的教育日志。这样的工作量，足以让众多朋友为我的水深火热而深感担忧。累吗？当然。身累，心却不累。

心不累，不是说心不受干扰与冲击，而是长期的磨练让心学会了自动屏蔽烦恼，学会了主动找寻快乐。

其实，只要愿意寻找，工作中的快乐无处不在。

课前，提早几分钟进入教室，听男生引吭高歌，看女生窃窃私语。人声鼎沸中，青春的无限活力一览无余。如此风景，怎能不勾起对青春岁月的美好回忆？于是，便可发现，那高歌者未尝不是昔日的自己，那吃零食者酷似自己曾经心仪过的女生。岁月不过是张可以复印的照片，学生们当下的快乐正是自己年轻时的复制品。如此，又怎么会因这喧闹而大动肝火？

课上，有孩子偷偷地阅读杂志。那张青春的脸上，一半写着担忧，一半写着渴望。边讲课边踱过去，手指轻叩课桌，脚步继续前行。那个孩子的脸红晕顿生，我却权当什么也没有发生，依旧抑扬顿挫地讲着自己的课文。此时，心中便有一个小小的幽默诞生——这孩子不愧是我的学生，怎么和我读高中时一个"德行"呢?

有孩子厌学,有男生打架,有女生小心眼儿,有校长骂老师,有家长蛮不讲理……任何一种存在,何尝不是校园中一道值得认真探究的独特风景?我的工作尚未沦落到只为饭碗而劳碌的境地,又何必将心挂靠于别人的态度?只需将这些当作我的研究课题。

我只为身心的快乐而工作,我用我的双眼竭尽全力地捕捉别人忽视的那些乐趣。所以,我很乐意接受别人赠送的各种封号:"傻瓜"、"狂徒"、"独行侠"、"受虐狂"……只要我的心能够在工作中获得足够的幸福。

朱自清在《匆匆》中描绘了时光流逝的各种境况。我想,如果我们能够把那些用来清谈、打麻将、看电视、没有任何目的发呆的时间统统利用起来,用以发现教育中的快乐,探究教育中的规律,那么,我们的生活必能拥有超越灰暗的亮丽色彩。当然,我决不反对合理的娱乐与适当的休闲。只是我觉得,在事关自身发展的问题上,是没有必要区分开八小时以内和以外的。

【我的教育理念】

教育是一种境界。置身于高层次教育教学境界中的教师,应该具有帮助学生修炼"点石成金术"的本领,而不是逼迫学生背着无数块沉重的黄金跋涉在前进的路程中。此种境界中的教师知道学生犯错是无法避免的,因而他允许学生出现错误,但决不允许学生出现同样的错误;他知道自己找来的饭食总是香甜于别人咀嚼过的食物,于是他总是让学生自己主动寻找食物。他引领并监督学生成长,却始终不忘自身的持久成长。

4. 心静人踏实

王莉（安阳）

心静，人才踏实；踏实，才能做成事。

年轻时轻狂，设计过许多蓝图，幻想过无数辉煌，但梦中从来没有讲台和"孩子王"。高考填报志愿时，因为不愿做教师，执意不报师范类院校，结果志愿撞上热门，高分落榜，我大哭三天。高招办的老师同情地来征求我的意见：只剩下师范专科了，上还是不上？万般无奈之下，我以我校那一届最高的分数、最悲的心境走进师范院校的大门。

毕业后我被分配到学校，很委屈地走上讲台。心却不安分，总以为校园埋没了我的才华，降低了我的价值，我天天想"跳槽"。浮浮躁躁过了几年，碌碌无为。

直到有一天，老校长找我谈话："能看出你心不在工作上，浪费了时间，也浪费了自己！人生没那么多浪漫，干出成绩才有价值！"那次谈话让我沉静了下来：是自怨自艾地做个混日子的庸人，还是既来之则安之，让自己的光芒在校园里绽放？

一旦心静下来，人也就变得踏实了。我开始认真地备课，写教案，改作业，当班主任，琐碎立刻变成了充实，烦躁立刻变成了快乐。

一旦踏实下来，生活就会给你馈赠，因为踏实意味着勤奋、认真、钻研、执著。天道酬勤，不可预知的馈赠随之而来——高级职称提前评定、市骨干教师、省学科带头人、优秀班主任、日报专刊事迹报道、电视台作人物专访……"馅饼"一个接一个，做教师开始变得有滋有味。

最大的"馅饼"是学校组织民主推荐，我居然以最高票数被选为中层候选人，并被领导一致通过。于是，班主任变成了教导处主任,小舞台换成了大舞台,任务更重,责任更大,施展也更尽兴:组织课题研究、起草评估方案、策划全国性教学研讨会、创办校刊……"主任生涯"干得有声有色,赢得了领导的欣赏和同事的认可。

四十出头时生活却起了波澜,原因是女儿。我们颇费周折地把女儿安排到上海读书,朋友们都说这是一件很成功的事,但是把孩子一个人留在千里之外,对她的牵肠挂肚也是别人无法体会的。孩子升入高中后,成绩呈下滑趋势,更令我忧心忡忡。事业与孩子无法兼顾,犹豫纠结之后作出取舍:求得领导的理解,却也辜负了领导的重用,辞去中层职务,请假一年去上海陪伴女儿迎战高考。

所幸女儿还算争气,高考顺利金榜题名,让我一身轻松地回归学校。然而,令我感到意外的是世态冷暖的变化和与同事相处时的尴尬:以前的下属变成了上司,大家不知道是喊你"主任"还是"老师",以前听惯了的赞扬与恭维突然消失。我提醒自己要摆正位置,放平心态,踏踏实实做一个普通教师!

于是,我从头做班主任,挥洒爱心与智慧,把普通班带成了重点班,赢得了学生、家长的倾心爱戴;我从头学习打字上网,读书思考、交流提高,两三年的潜心耕耘,收获了上天的超常回馈:发文章、出专著、做报告、成为《班主任之友》的封面人物。专著实用,备受好评;讲座真诚,连连叫座。人近50却活得激昂充实、幸福快乐!

【我的教育理念】

教育者的职责是教书与育人:我们既要备课、授课、指导、批改作业、反馈试卷,让学生的知识从无到有,让学生的能力从弱到强,又要引导、熏陶、激励学生,让学生的精神从贫瘠到富有。每一个任务都是实在而艰巨的。没有对学生的爱,没有对教育的激情,没有踏实勤奋的付出,是不可能完成的!而这一切的前提是心灵的宁静!

5. 用心做班主任

郑光启

校长要求全校教师写教育座右铭，和照片一起贴在宣传窗上。当校长递过笔和纸时，同事们连忙在网上搜寻教育名言，而我却毫不犹豫地写下"用'心'教育"四个字，作为自己的教育座右铭。

用心"做"班主任

2001年9月，我刚参加工作就被校长委以重任——当班主任。那时我没有经验，就向其他老班主任虚心请教、学习。

当时我常常思考：如何才能当好班主任？第一，什么都要问，发挥打破沙锅问到底的精神，不考虑问题是否幼稚、是否会让人嘲笑，只要是我想到的、解决不了的问题就提出来问；第二，尽力"拿来"，把同事多年积累的班主任工作经验借鉴过来，使自己迅速壮大起来；第三，对同事要尊敬，要谦虚，把同事放在心里；第四，同事的建议要听，要思考，只有经过思考才能够让别人的经验变成自己的法宝。

到了期末，我班的成绩在五个平行班中名列第二。在同事的眼中，我这个新班主任考核合格了。

用心"做好"班主任

2003年9月，我接手了一个"差班"，班里的第一名是年级（年级有四个班级）的第44名。估计班里没有人能考上重点高中，就连考普通高中也够呛。校长也不奢求这班学生能考上重点高中，只求不出安全事故。可我不甘心，告诉自己要"做好"班主任。

我鼓励学生不要放弃学习，并想方设法调动他们的积极性。但由于基础差，连续几次在学校考试中垫底后，学生动摇了。我就对他们讲："大家都知道，高原海拔很高，但很平坦。人在高原上走，走了很久，也不会感觉到海拔上升。然而一旦走出高原，海拔变化就很快，这就是'高原现象'。我们现在正处在学习的'高原期'，一旦走出这一困难期，努力就会有结果。我们没有退步就是进步，现在最重要的是坚持下去，坚持就是胜利！"

中考时，全校第一名出在我班，考上重点高中的共有三个。

用心做"好班主任"

2008年4月，我的班级管理水平有了很大提高，但同时我也感受到了危机，于是我开始疯狂地买书，在各大教育网站游荡。我有幸参加了"班主任工作半月谈"、"教育预案草根研究"等民间团队，得到了张万祥、郑学志、钟杰、王晓春、郭景瑞等教育专家的指点、鼓励，还得到了全国各地优秀教育网友的帮助。我觉得自己不再是一个经验型的班主任了，而是开始用心做一个"好班主任"。来自安徽的学生小芮在转回老家读书前，给我留了一封信：

"我这学期就转走了……呵呵！我认为您是最棒的班主任。我似乎也感觉到，您这位好老师并不只是为了一个老师的头衔来教书的。我很佩服您。"

这是学生对我的褒奖，我一辈子都会用心做一个"好班主任"！

【我的教育理念】

只有用心去"做"班主任，用心去"做好"班主任，用心去做一个"好班主任"，我们才能做好班级管理工作。班主任只有用心去对待学生，学生才会用真心来回报我们！

6. 摘掉"镣铐"跳舞

罗文芹

我是一个生性好强、干事认真的人。第一年做班主任,我就暗下决心要做全校最好的班主任:班级的各项评比要得第一,班级成绩要得第一,学期末我的考核也要得第一。"乱花渐欲迷人眼",渐渐地,这种"第一情结"形成了一副"镣铐",铐住了我的心灵。戴着"镣铐",工作中我虽依然翩翩起舞,但我分明听到了来自心灵的痛苦呻吟——班级评比得不了第一,我必会迁怒于学生;班级成绩没考第一,我会躲在家里大哭一场;学期末考核没拿第一,我会随时随地发牢骚、泄委屈,成了现代版的"祥林嫂"。这种状态让我很累也很痛苦,每每拿到一个荣誉证书,我都不由得扪心自问:用生命中的本真换取这薄纸一张,值得吗?班主任这个岗位是我喜欢的,可在这个岗位上工作,为什么不快乐呢?就这样,我犹如遇到了民间传说中的"鬼打墙":虽然心灵不断地自我挣扎,想脱离这种状态,却又总是找不到出路。

直到一个双休日,我整理家中的废品卖与收购的小贩时,小贩毫不犹豫地把一摞鲜红的荣誉证书封皮扔了出来,很"专业"地说:"这个我们不要。"我很是吃惊,连忙说:"你看好了,这么厚的封皮也是纸做的,你知道我挣这么个荣誉有多么不易啊!""在你们那里值钱,在我们这里一分钱都不值。"小贩头也不抬,边整理废品边淡然地说。他这几句不经意的话,令我陷入深深的思考。

那天晚上,我拿出了刚做班主任时写的教育随笔,那时仅坚持了半年多,过于急功近利的我就变得满腹牢骚、患得患失,再也无心与文字为伴了。

从那一刻起,我就决心摘掉心灵的"镣铐",让自己在班主任这个舞台上自由起舞。从此,我每期必读学校订阅的有关班主任方面的杂志,每次读必摘抄精彩的语句;久不买书的我,开始从网上购买专业书籍,边读边勾画,仔细品味;一天工作下来再晚再累,也要用文字反思自己的工作。为了写得精彩,每天我都用心管理班级,再也不敢像从前那样简单、粗暴。渐渐地,我学会了洞察学生错误背后的美丽,感受学生失败背后的坚强,我坦然地笑对领导、同事的误解。面对荣誉,我牢记:金杯、银杯,不如学生的口碑。

如今,每学期开学,都有不少家长托人把孩子转到我班。我也有几篇文章公开发表,并有幸得到了全国知名专家张万祥老师的几次鼓励与指点。2012年初,我还收到了《班主任之友》杂志社寄来的笔记本和一、二月份的合刊。这些在以前是我想都没想过的事情,这也更加坚定了我走班主任专业发展道路的决心。

摘掉了"镣铐"起舞,舞出了快乐,也舞出了意想不到的精彩!

【我的教育理念】

一个人能走多远,不要问脚而要问心。为名利而工作,只会让自己越走越累,路也会越走越窄。看淡这些,不仅没有失去,反而会收获更多。每个人都应为自己修一条"心路",在这条"心路"上自由起舞,让自己走得更远!

7. 致力于涵养教育情怀

何风彩

身边的很多同行都觉得我挺幸运的。还在师范学校读三年级时，就被市里一所重点小学确定为该校的"准教师"。1986 年毕业后，学校就放心地把一个班的语文教学和班级工作交给了我。我怀揣着"天生我才当教师"的傲气和豪情，跌跌撞撞地一路走来，却也获得了一些大大小小的奖项，成了当地小有名气的一名教师。

随着教龄的增长，青春的热血渐渐冷却，各种奖项对我的诱惑越来越小。工作十多年后，我开始厌倦自己琐碎繁杂的教育生活，开始受不了小孩子唧唧喳喳的吵闹。十来岁的小孩子，因为心智尚不成熟以致错误反反复复，无休无止。于是，我开始变得气急败坏，甚至曾经把"问题学生"推搡出教室。做教育的快乐越来越少，我开始怀疑自己选错了职业。那些年，我也看了不少书，学习很多人的先进经验。我学习魏书生的班级管理模式，模仿任小艾在班里设"小班主任"，但最终发现，自己无法掌握魏书生的教育精髓，也没能得到任小艾的"真经"。

丈夫也是一名教育工作者，也是最了解我的人，他对我说："你的确获得了很多奖，但你做教师并不成功，因为你不是发自内心地喜欢所有的孩子，喜欢教育本身。你从内心不接纳班级里的'问题学生'，无法过上真正的教育生活。"丈夫建议我不要抱着寻找教育技巧的目的去读书，甚至不要仅仅阅读教育书籍，去读文、史、哲各类书籍，去更多、更深地思考人性，从多个人文视角去看教育，去思考学生，去丰富自己的教育情怀。

就这样，我开始阅读一些经典读本，如《论语》、《孟子》、《道德经》，南怀瑾、星云大师也进入了我的阅读视野，我还捧起了当代著名学者季羡林、傅佩荣、曾仕强、余秋雨、孔庆东的作品，另外我还阅读了一些儿童读物，如《孩子，我们来谈谈生命》、《窗边的小豆豆》、《妈妈走了》，还和学生一起看郑渊洁的童话、曹文轩的唯美系列小说，等等。

慢慢地，我看学生的眼光和心态在发生变化。不知不觉中，我学会了透过大千世界的人生百态去思考教育，去研究小孩子；我发现了生命的千姿百态，每一个人来到世上都有神圣的理由，真可谓"一枝草一滴露"；我学会了尊重生命的多样性，对学生滋生了平等的慈爱和同情。

我不再热衷于学习一招一式的教育技巧。在我面前，无论是不愿意读书的"小懒虫"还是爱搞恶作剧的"淘气包"，无论是单亲家庭的"小可怜"还是内心充满恐惧的害羞的孩子，我都学着以专业的目光阅读他们的眼睛，感受他们稚嫩的呼吸，透视他们对我的需要。为了满足这种需要，我愿意坚持不懈地去做好一件件小事，让这一件件小事渐渐融汇在学生的人生里。

【我的教育理念】

爱学生，不应该简简单单地把它视为师德问题。在某种意义上，它是一种教育能力，是需要历练的；它还是一种教育的境界，是需要提升的；它更是一种教育的情怀，是需要涵养的。正如《圣经》所说："爱是恒久无言的忍耐。"教育，需要不问结果地坚持不懈。

8. "逼"自己成长

陈爱勤

2009 年,经过四次竞聘,我终于成了学校中层领导。原想凭借多年班主任工作和年级组长的经验,在教务处工作应该不成问题,可是学校却安排我到教科室。

那时的我连一篇论文都不会写,我只能不断提高自己以适应教科室的工作。2009 年暑假,我翻遍了手头的书籍和资料,偷偷地充电,并试着在"班主任之友"论坛上发帖,发表自己的点滴体会和收获。后来我有幸成为自主教育课题实验团队的一员,在郑学志老师的指导下开始了自主教育课题实验,在专业成长路上收获着一个个属于自己的精彩。

2010 年 11 月,我突然接到自主教育课题实验群艾岚的通知:"近来加入自主教育课题实验团队的成员较多,为了提高学习效果,下周一你来对新加入的群友进行一次视频培训。"我紧张地连忙推辞:"啊,培训?我不行!"艾岚不容我多说,果断地说:"我相信你可以的,就这样了。下周一你来培训!"

我无话可说,只好接受,开始了为期一周的准备——设计思路,整理讲稿,修改润色。做完讲座之后,自主教育课题实验的带头人郑学志老师高兴地打来电话:"讲座非常精彩!网友们的评价非常高!"在做讲座过程中,不断有老师"送花"进来。尽管是虚拟的世界,但一双双鼓掌的"大手",一束束艳丽的"鲜花",给了我极大的鼓舞。原想自己不行的事情,因为给自己加了压,居然成功了!

原来,人们需要适当地给自己增加压力。在专业成长上,我为什么不给自己加压呢?

明白了这一点,我逐步给自己加压。我找到学校领导:"尽管我是中层领导,但是我喜欢做班主任,喜欢每天和孩子们亲近的感觉。我还要做班主任。"校长答应:"行!"

于是,我又回到了我的班级。这一次带班,我开始采用自主教育课题实验中的一些基本理念和做法。对初中生进行自主教育管理,能行吗?很多人都质疑。但是我想,自主教育与其说是一种教育管理方法,还不如说是一种教育管理理念。行与不行,只有实验了才知道。

我在自主教育课题实验群的指导下,开始从"责任"入手,构建我的责任教育文化,呼吁孩子们对自己负责、对家庭负责、对班级负责、对社会负责。没多久,一个完整的责任教育体系方案出来了,学校给予高度评价。一年后,学校把我的责任教育在全校进行推广,并申报为我校的省级课题。

回顾自己两年多走过的路,我感慨万分。如果不是工作岗位的变化,如果没有艾岚等老师对我的信任和鼓励,如果没有一个个任务的逼迫,我可能还是那个只会干活儿、不会写、不会说的人,不可能体验到专业成长带来的幸福和快乐。

有时候,我们需要给自己一些压力,"逼"自己成长。其实,只要尽力去做了,你就会发现许多的"不可能"都会变成"现实"。

【我的教育理念】

人生旅途中不妨给自己一些压力,主动迎接一些挑战,到时候你就会有"柳暗花明又一村"的感觉和浪漫,也会让自己的教育人生更加丰富多彩。

9. 经验+反思+读书=我的专业成长

刘燕山

激情问梦

我是非师范类的学生，却阴差阳错地在中专毕业后回到母校当初中生物教师。我很惶恐，也很尽力。毕竟是水平低，我虽然认真负责，但是常常费力不讨好，我被"发配"到偏远的村小学锻炼。

有一次开学，我因为心情不好，没有按照要求写好教学计划。没想到第二天清晨，新上任的镇教育办副主任来检查教学工作，我自然被狠狠地训了一顿，并被告知要全镇通报批评。他的话深深刺痛了我，我在办公桌上写下"知耻而后勇"的"血书"，发誓要拿出成绩来给他们看看。

我所带的班级原本是全学区的倒数第一，人数多，底子差，教室还是原生态的红砖墙，黄土地面坑坑洼洼，困难可想而知，但是我豁出去了。半年之后，这班学生的统考成绩就来了一个惊天的大逆转，成为了正数第一！让不少人感慨万千。一年之后，我辅导班长尚斌在全国性的作文刊物上发表了文章，这在当地可是破天荒的事情。校长盯着我看了很久，心有不甘地说："浅水不能藏龙，你这样的人才终究还是要去中学的！"

我果然又被领导调回中学。我高扬爱心和民主，用我的激情再一次谱写了辉煌：班级被县教育电视台采访报道，自己也被提名为"市级十佳班主任"。我终于可以"扬眉吐气"了。

痛彻心扉

2008年，我开始了论坛行走。网上万紫千红，论坛高手云集，我开始小心翼翼地写帖子，得到了郑学志、钟杰、李迪等许多名师的鼓励，同时也认识了许多志同道合的同路人。从此，我沉迷于网络，徘徊在论坛。

可是，我的学生变了，领导的期望值也更高了，我的思维和管理却没有与时俱进，只是一味地说教与复制经验。学生开始和我的民主管理进行对抗，领导对我的工作流露出不满，教学效果也不令人满意。

2010年暑假，我在"班主任之友"论坛贴出《一位优秀班主任的一系列新失败》的主题帖，诉说我内心的苦闷和彷徨，引发了众多网友的热议。《班主任之友》常务副主编熊华生博士给我留言抚慰，众多好友为我献计献策，可是谁也体会不到我内心的那份绝望与无助。

浴火重生

痛定思痛，我终于明白：我有爱心，有经验，有专业道德，但是我缺乏专业知识和专业能力。而解决这一切的途径只有通过学习。朱永新说："一个人的精神发育史，就是他的读书史。"我开始了系统学习，学习苏霍姆林斯基和陶行知的经典言论，学习杜威和孔子的真知灼见，学习魏书生、张万祥、李镇西和王晓春的教育情怀，学习万玮、郑学志、郑立平和李迪的教育智慧。我捧读经典，吸收智慧，兼收并蓄，开始明白自己的浅薄，开始形成自己的教育风格。我知道，我太需要学习了，教育者必须活到老学到老。

同时，我也开始了反思和写作，开始在班级管理中运用科学和智慧。2011年，我又重新收获了成功。

波斯纳说：经验＋反思＝成长。可是对于我来说，经验＋反思＋读书＝我的专业成长！

【我的教育理念】

"起点低不可怕，水平低不可怕，学历低不可怕，重重困难不可怕，屡屡受挫不可怕。只要追求的大旗高扬，我们一定能够创造教育的辉煌。""青春老人"张万祥的这番话，也道出了我的心声：既要有"大江歌罢"的工作激情，也要有"掉头东"的读书态度。

10. 做一棵会走路的树

李靖华

往日伤痛促我觉醒

那是我做班主任的第二年。一天下午,有人告诉我班里6名男生在宿舍抽烟,我当时很生气,跑到宿舍把他们狠狠训斥了一番,并不依不饶地通知家长来学校。

可一个小时后,却发现这6个孩子不见了踪影。他们离校出走了!当时他们曾在教室里商量过这件事,也曾和别的孩子借钱,可这些知情人竟没有一人提前告诉我。接下来的日子我寝食难安。尽管三天后孩子们被找到了,但学校取消了他们的借读资格,原因不是吸烟而是私自离校出走。望着他们无可奈何离去的背影,我无法原谅自己,是我不恰当的教育方法害了他们。

到底该怎样教育孩子,不再重复类似的悲剧?

我开始读书学习,最初阅读的是《班主任之友》、《班主任》等杂志。2008年,通过一篇介绍初荷老师的文章,我了解到网络上有一个"班主任之友"论坛,便怯怯地在那里注册安家,网友们的热情鼓励与支持使我坚定了学习的信心。

读书写作提升自我

当我看到外面的世界后,便愈加发现自己和别人存在的差距,于是我把一本本教育书籍搬回家,开始潜心读书、学习、思考、写作。我在论坛开设了专题贴《温暖故事》、《凌云班的自主天空》,记录着我和学生的成长故事,均被加为精华帖。我常会因为自己的帖子受到网友的关注而欣喜万分,因为某些想法得到大家的认可而信心百倍,也会因为自己偶尔的懒惰而忐忑不安。

孔子云："独学而无友，则孤陋而寡闻。"我真真切切地体会到了这句话的含义。

良师益友伴我成长

行走在"班主任之友"论坛，我遇到了自己教育生涯中的贵人——郑学志老师，他是"班主任工作半月谈"的领军人物、"自主教育课题实验"的倡导者，每周一19:30我们准时相约，一起交流、研讨、写作。

我依然记得自己的第一篇作业，简直糟糕透顶，文章的标题和内容相差甚远，是郑老师给我提出了具体的修改建议，并悉心指导。自此，我喜欢上了写作。后来竟陆续发表了不少文章，这是我当初连想也不敢想的事。

我还在论坛里结识了许多优秀的老师，比如钟杰老师、王莉老师等，他们都是我极为敬佩的。他们灵活的班级管理方式、充满智慧的教育方法，让我受益匪浅。我的班级管理水平迅速得到了提升，我很快就成了学校乃至当地颇有名气的班主任。2010年我被评为聊城市十佳班主任，2011年被评为"知行中国"初中班主任培训优秀指导教师。

有人说："学校像树林，学生像鸟，老师像一棵棵大树，默默地擎起……"但是，我想做一棵会走路的树：哪怕不能挪动树根，也要伸展枝叶，长得更高更大一些，能够抬头看看外面的世界。

【我的教育理念】

束缚自己成长的往往是陈旧的教育理念和方法，我们不能因为自己的教育失误而耽误学生一生。若不想年复一年、日复一日地重复"昨天的故事"，我们就要走出狭小的天地，去看看外面的世界。

11. 修心促我成长

张新秋

有人说,你改变不了环境,但可以改变自己;你改变不了事实,但可以改变态度;你改变不了过去,但可以改变现在;你不能控制他人,但可以掌握自己;你不能样样顺利,但可以事事尽心;你不能左右天气,但可以改变心情;你不能选择容貌,但可以展现笑容……的确,心态决定事情的成败,良好的心态通常会决定人的一切。修心养性是我在班主任专业成长中的一大法宝。

变嫉妒为虚心

2009年,我下乡支教返城后,发现相隔一年学校老师们的变化真大。于青老师成了《班主任》杂志封面人物,带领学校"三人行"班主任团队如火如荼地开展工作;贺常芬老师出了个人专辑……争强好胜的我有些嫉妒,我为什么不如人家?反观内照,我发觉是因为自己没有别人付出得多,她们每天伏案灯前,勤笔细耕,是勤奋铺就了她们成功的红地毯。

找到了不足,我转变了心态,虚心向她们请教。于老师介绍我加入了"心语沙龙"。在群里,我结识了更多笔耕不辍且颇具才华的专家、学者,我从他们身上看到了奋进的影子。于是,我也开始记录自己的教学故事,开始写我的随笔感想。一篇篇文章见报了,我窃喜。心态的转变,加上勤奋的耕耘,使我也品尝到了成功的喜悦。

变逃避为进取

2011年暑假,孩子的生病让我心力交瘁、万念俱灰,一度想放弃我所挚爱的教育事业。这时,一本《遇见未知的自己》让我转变了心态。书中的老人其实就是一面镜子,引领我们修心、正心、养心,引领我们克服逆境、困难而心想事成。每个人都会遇到坎坷和困难,如果知难而退将会一事无成。看开了,想透了,我的心也豁然开朗。于是,新的学期,我继续担任班主任、教研组长、级部组长,又兼任了学校民间团队"三人行"的团队长。

诸多的任务汇聚一身,需要我有清醒的头脑合理安排这些事务。于是,在班级工作中,我发挥"家委会"和"小干部"的作用,把班级活动开展得丰富多彩。在级部和教研工作中,我用勤奋感染着大家,增强组内的凝聚力,发挥众人的智慧,积极开展工作,力求创新。在"三人行"团队中,我主张责任到人,让老师们人人当主人,人人献智慧。进取终于得到了硕果,我所带领的团队和班级被评为优秀团队和优秀班级。

【我的教育理念】

"心生则种种法生,心灭则种种法灭。"修心养性,让"大爱"、"喜悦"、"宽厚"、"仁慈"终生陪伴,你会感受到育人的快乐,你会享受到耕耘的幸福,你会品味收获的醇香。

12. 聆听穿林打叶声

侯建霞

16年前,我来到了聋校,对手语一无所知,对聋哑教育更是一片空白。大学四年,我的文学史,我的唐诗宋词,与这里的一切似乎是两个星球的事物。我看到的是比比划划的手,听到的是含混不清的音——这些都与我憧憬中的书声琅琅的校园大相径庭。

不经意间,抬头迎上了一双清澈的眼睛,我向他笑了笑。他打着手语,我却一脸困惑。这时,有老师翻译说:"他问你:'你是正常人吗?'"我一愣,笑着点点头。他却把我的身体扭转过去,背向他,然后拍了三下手掌,问我听到几声,我疑惑地回答了,他满脸敬佩地说(用手语):"你真棒,真能听到声音!"我的心被深深地震了一下:他们的要求是多么简单啊!只要能听得见,就是最大的幸福!我以微笑迎上众多猜测的目光,轻轻对自己说:"我愿意留下!"

与聋生沟通,必须学会打手语,也要学会看手语。我从基础的字母学起,又找了一位班主任商量跟班听课。于是,上课跟老师学手语,下课向学生学。为了突破看手语这个难关,我又找到学校的聋哑老师,向他请教手语的特点和规律。一个学期过去了,我可以熟练地运用手语讲课,并能与学生开心地交流了。

心中的喜悦还没有来得及溢于言表,我又突然意识到:我只是了解了聋生的语言,他们的学习和身心特点是否如我大学所学的一样呢?找来了《特殊教育学》、《心理与特殊教育新论》、《特殊儿童心理与教育》……我渐渐走进了聋生的世界,那里有着纯净的认知,也存在滞后的语言和思维;那里有着柔软脆弱的自尊和自卑,也有丝丝缕缕的对幸福的憧憬与渴望。携着心中的怜惜与执著，我带着我的聋生走进了大自然，让他们用心聆听花草的弦音；带他们走进大学校园，点燃他们心中的希望；带他们走进养老院，用自己的双手去感受真诚，体验回报，拥抱自信。2005年5月，当我的学生站在央视小品大赛的舞台上，向全国观众奉献聋孩子的心声《感谢关爱》时，感恩之情、自信之心已无须言语。

信息时代到来，丰富的资源让我欣喜地实施着"拿来主义"。走出闭塞，回归主流，是我要传达给聋生的信息，我的学生也要与同龄孩子一样，感受时代相同的搏跳。班级QQ群、班级博客让我们的交流更多元、更坦诚，这种指尖与心灵的互动，也使我和学生共同成长着。

老教师曾告诉我，在这里，必须耐得住寂寞——特教不比普教，不会有轰轰烈烈的成果，更不会有桃李满天下的成就。但是，我却同样感受到了风生水起的美妙，同样收获了成长的喜悦。

【我的教育理念】

特殊教育，如松竹一般，没有荫庇四野的繁枝茂叶，却也是一片不可忽略的风景。它与普教相牵，却又仿佛远在深林中与明月相照，只有当你置身其中，摒弃喧嚣繁杂的叨扰，才会聆听到穿林打叶的声音。

13. 爱，专业成长的起点

钱碧玉

回想自己的成长之路，最重要的不是博览群书，涉猎教育书籍，也不是于夜阑更深，深刻反思教育行为，而是扎根于班主任的岗位上，置身其间，爱满其中，陶醉其间，培养学生的同时，也成就了自己。

爱，将职业书写成一种幸福的事业

从来没有将自己的职业当作谋生的手段、生活的需要，因为我始终认为，教育是爱的事业，以塑造心灵为己任，神圣而又高洁。将它作为职业来对待，怕亵渎了它；将它作为事业来追求，便可心灵富有，精神高贵。就像陶行知先生所说："捧着一颗心来，不带半根草去。"因为心中有爱，平凡的工作富有了朝气，拥有了活力，充满了美丽；因为心中有爱，疲劳被忘却，辛苦已不在，工作有滋有味，多姿多彩；因为心中有爱，奔忙成为快乐，困难成为挑战，压力成为动力；因为心中有爱，平凡和恬淡之中有甘美和快慰，耕耘和忙碌之后有惊喜和欣然。很幸运，选择了做教师，传递爱心，传承美德，延续理想；很幸福，被那么多孩子深深地拥戴，被那么多家长紧紧地牵挂。在那么多人的认同和肯定中提升着自己的价值。

爱，将教育演绎成一首温暖的歌

在我的心里，教育就是"爱"的代名词，学生就是我的孩子。每一次走上讲台，面对学生，我都会告诫自己：用我的爱去爱我的孩子。我爱班里的每一个孩子，不管他长相美丽还是丑陋，出身高贵还是贫贱，成绩优秀还是暂时落后，我都一视同仁，以诚待之，以情待之。因为我知道，每个孩子都是独一无二的生命个体，每个孩子都是家庭的唯一。所以，我平等和善地对待每个孩子，真心诚意地关爱每个孩子，满怀信心地期待每个孩子，充满激情地鼓励每个孩子，竭尽全力地扶持每个孩子，为孩子最初的人生铺就温暖的生命底色，将教育演绎成一首温暖的歌，唱响在孩子们的心田。

爱，将自己开成一朵绽放的花

因为爱，所以在班主任工作岗位上，我乐于奉献，勇于探索，勤于思考，敢于挑战；同时，我广泛阅读，与书籍为伴，与名师"对话"，开阔视野，丰富理念，明晰方向，提高专业素养。很快，我在班主任工作中能够游刃有余、开合自如，成为学生与家长心目中最棒和最美的班主任老师，并在教育期刊上发表文章80余篇。我像一朵朴素的小花，绽放着属于自己的美丽。感谢班主任岗位，让我欢喜让我忧，让我辛苦让我甜，让我忙碌让我充实，让我收获成功也让我感受失败。是班主任这个繁忙琐碎而又充满挑战和智慧的岗位，是这些个性鲜明、多姿多彩的孩子，促使我不断更新教育理念，反思教育行为，转变教育思路，探索教育方法，成就教育业绩，书写教育新篇章。

【我的教育理念】

唯有"爱"，才能发挥自身才能，挖掘自身潜力，成为行家里手。对于教师这样一个具有特殊意义的职业来讲，爱更是必不可少的。在给予中有获得，爱人者被爱。在无私付出、塑造心灵、促进孩子成长的同时，我们也书写着自己的精彩，实现着自身的价值，更收获着教师这份与众不同的职业所带来的无与伦比的爱与美。

14. 那些人·那些事·那些感动

王振刚

经过学校和区、市教育局的推荐,我成为中小学骨干班主任研修班的学员,在湖北第二师范学院参加为期10天的培训。2011年10月10日,开班典礼后,开始了我的学习之旅。

听桂贤娣老师的故事

武汉市汉阳区钟家村小学桂贤娣老师的班上有32个女生,她最大的心愿就是给32个女生梳不重样的辫子。她喜欢去武汉小商品市场汉正街买梳子,买卡子。下课了,看到哪个女生不开心,就把她叫过来,让她挑选一个她喜欢的卡子,然后帮她重新梳理头发,女孩子们格外开心。

桂老师徒弟的班上有一个副班长犯了错,进入办公室后,一脸的愁苦。桂老师问她怎么了,副班长喃喃地说:"我把本子……我把本子……"桂老师说:"你不想说,我就不听。"桂老师见副班长的头发有些凌乱,就给她重新梳理了头发,她照了镜子,特别高兴。桂老师见副班长笑了,马上说:"快跟你的班主任承认错误去!"副班长承认错误后,离开办公室,逢人就说,这是桂老师给梳的辫子。

我一边聆听这动人的故事,一边想着:学生,尤其是犯了错的学生,只有感受到老师的真爱,才会从心底接受老师的批评。

听张基广校长的故事

2011年上半年,我在办公室随手翻开一份报纸,看见湖北武昌实验小学校长的雷人话语。没想到的是,在培训期间,我们走进了这所小学,走近了张基广校长。

他讲述了一个有趣的故事。学校礼堂要播放一场电影，给各班发5张电影票。班主任将电影票当做一种奖励发给了优秀的同学。放映前，负责检票的老师严肃地批评了前来观影的两位同学。张校长看到了，前去了解情况。原来是学生观影心切，自己画了两张电影票。他说，学生的行为不能与不诚信等同起来，其实这就是童趣。学生为什么会这样？当老师带着一颗童心，满怀童趣地去阅读，去发现，去思考时，怎会读不懂呢？

校园里种有一棵香樟树，树旁边立有一块牌子，上面写了香樟树的自述："我是一棵香樟树——2002年学校兴建综合大楼，原来设计中的回廊就在我站立的地方。'是砍还是留？'人们争论不休。同学们自发地组织护绿，大声呼唤'留'。经过全校'公决'，设计师修改了方案，让我'穿廊而过'，使我成为一道独特的风景线。"

我想：以一颗童心面对一颗颗童心，阅读学生，读出的是童趣，品出的却是生命的思想与智慧。

10天的培训，我们近50名学员一同聆听讲座，分享感悟，观摩考察。一位位爱教育、有思想的老师走上讲台，丰富的阅历、生动的故事带给我们的是心灵的感动与震撼。以日记的形式，我记录下所见所闻、所思所感，约1万字。

10天的培训，是成长中的积淀，也是专业的提升。从武汉回来，我参加了南开区首届教师基本功大赛，获得了"80后"组一等奖第一名。我依旧告诉自己：当老师，"学不可以已"；当老师，就要有爱心、有童心。

【我的教育理念】

善听，善思，善用，不断提升班主任专业化素养。认真倾听与自我反思的紧密契合，让我们在积淀中不断成长。

慢慢地回顾着，感悟着，我的班主任教育理念在悄然地转变着，我的班主任专业化水平也在悄无声息地提升着。

第二辑 确立观念

◇ 教育应该切合时代背景,不同的时代,应该有不同的教育需求,也应该有属于自己这个时代的教育精神。我愿意用自己的尝试,丰富和完善我们的教育艺术。

◇ 成长没有起点,也不会有终点。教育当是"求真尚美明德至善"之举,我们只有真正接受了学生的"孩子"身份,才不会那么粗暴无知地把学生变成"考生"。当我们时刻记得"假如我是孩子"、"假如是我的孩子"时,教育一定是善的、美的。

15. 做一个有想象力的班主任

郑学志

2011年12月10日，湖南省成立了班主任研究学会，我在会上当选为首届副理事长。下午，我给老师们做《班主任的激励艺术》专题讲座。讲完后，马上有老师迎上来说："郑老师，我发现您的班级非常有想象力！"

"谢谢，您是我的知音。"我笑呵呵地说。确实，在我看来，一个有想象力的班主任，对学生来说就是一剂"青春的迷药"。

1994年，我刚开始参加工作，学校安排我做班主任。安排工作时，校长悄悄地对我说："这次安排班主任，文化课和专业课（那是一所职业技术学校）一样一个。我就要比比看，究竟什么样的老师适合做班主任！"

为了不让自己在工作上输给专业老师，我想尽了办法——干部轮值法、班级命名法、代理班主任……那一段时间，凡是我能够在报刊上看到的，都搬到实际工作中去。但是，我惊讶地发现，在学校各种操行评估中，和其他老师比较起来，我没有一点优势。

我对学生说，我们班的管理方法是最先进的、最具有民主色彩的。学生嘴巴一撇："财会14班早就在用这种管理方法了。"

我顿时遭受了巨大的打击。怎么办？在苦思冥想之后，我出台了一项新的管理办法——公司化管理。

我告诉学生："从现在开始，我们就要尝试自己的职业生涯了。我们不叫'财会13班'了，我们叫'环球财务管理有限服务公司'；我也不再是班主任，我是董事长；班长叫总裁，副班长叫副总裁；下面各个班委会成员，就叫项目经理……从现在开始，我们提前进入职业尝试。"

同学们觉得很有趣，一个个摩拳擦掌，纷纷按照我设定的岗位求职、应聘。我从"部门经理"中聘请小组长，从"项目经理"中聘请班委干部，还把点钞用的"纸币"作为我们班的通行货币，做得好的就奖励若干"万"元。我宣布，从现在开始，每个人都是"市场化"的人，我们要用市场化的经营理念来经营我们班级。

在用惯了普高干部模式管理职校学生之后，突然给班级来一点市场化运作，让学生们感到十分新奇。而且，因为"据说"现在就可以锻炼自己，这些"经理们"在工作中也格外卖力，他们甚至会为自己的工作该得多少"资金"斤斤计较，班级管理势头很好。

一个星期之后，我们班的操行评估、日常纪律成绩开始大幅提升；一个月之后，学生成绩也大幅提高；半个学期之后，很多工作已经不需要我亲自操作了。后来，这个班级诞生了好几位在我们当地很有影响的企业家，如金泰实业的李巧梅、高速公路的阮亚东等。我的班主任工作终于从普高模式里脱离出来，成了职校模式的操作样板。

创新是班级工作的灵魂。直到现在，我的班级总能有异样的精彩吸引学生。老师们在询问成功的秘诀时，我总毫不犹豫地告诉他们：大胆尝试——班主任工作怎么富有想象力都不过分。

【我的教育理念】

教育应该切合时代背景，不同的时代，应该有不同的教育需求，也应该有属于自己这个时代的教育精神。我愿意用自己的尝试，丰富和完善我们的教育艺术。

16. 让孩子爱上我，而不是怕我

郑丹娜

1993年我从朝阳师范学校毕业后，被分配到垂杨柳中心小学成为一名教师，第二年学校安排我做了班主任。刚做班主任的时候，我还不到20岁。为了让自己显得有威严，在孩子们面前，我总是把脸绷得紧紧的；为了"治住"那个纪律后进生，我跑到孩子家去告状，甚至把这孩子送到他爸爸的电脑公司；为了让孩子有规矩，我在每个课间都到班里，盯紧他们的一举一动……而孩子们也真的怕我，对于老师的要求从不随意反驳。纪律流动红旗、卫生流动红旗接踵而来，我以为这都是自己威严的功效。

还是孩子天真的话语惊醒了我："老师您多大了？""你猜猜！""我猜您今年60岁。""啊？为什么？""在家里我爷爷最厉害，我最怕我爷爷，在学校我最怕您！"孩子的话让我感到羞愧。"老师，您笑起来挺美的，我们特别喜欢看您笑。"孩子的话让我的眼泪差点掉出来。孩子们是那么懂得情感，我为什么常常抓住他们的一点错误，就责备不休呢？

孩子们喜欢老师的微笑，喜欢爱微笑的老师。在孩子们眼里，班主任应该是和善友好的。我们为什么要藏起自己最动人的微笑呢？班主任的基本功之一是要善童乐，要有童心。于是，我明白了一个道理：作为班主任，我应该"让孩子爱上我，而不是怕我"。于是，"微笑从教"便成为我的一个工作原则。

1998年，我找到了一条通往儿童心灵的道路。那一年，我接手了自己的第二批学生，我精心给每名学生建立了悄悄话的交流本。从此，小小的本子帮助我走进孩子的心灵。在悄悄话中，我和孩子共同对小乌龟下蛋感到新奇，我引导孩子与好朋友言归于好，我倾听孩子被父母误解时的委屈，我接纳孩子对老师的小小

不满……

从1998年开始,我坚持每天和学生进行悄悄话交流。十几年间,这些质朴的悄悄话以及我的教育思考,使我变成了一个懂得童心的老师,使我明白了教师应该是不忘却童年的人。悄悄话已汇集400万字,变成《中国孩子成功教育法则》一书,在全国公开发行。十几年的心灵对话,使我对教育有了更深刻的思考,总结出"全接纳、慢引导"的教育理念,并出版了《全接纳·慢引导——心灵的教育》,列入"北京市教育"丛书。

一分耕耘,一分收获。经过十几年的努力,我被评为北京市语文学科和班主任工作两个方面的带头人;2007年,我被教育部授予"全国优秀班主任"、"全国模范教师"的称号;2008年,我被评为北京市十大教育人物之一;2010年,我被国务院授予"全国先进工作者"的称号,走进人民大会堂聆听胡锦涛总书记的亲切教诲;中央电视台《焦点访谈》采访了我,并以"爱一朵花就陪她绽放"为题播出了我和学生的故事,感动了全国许多观众。

我是一朵花,一朵非常阳光的花。我愿以淡淡的清香,熏陶孩子们稚嫩的心灵;我愿意用淡淡的色彩,扮靓孩子们甜甜的笑脸。

 【我的教育理念】

对于成长中的孩子来说,犯错误是正常的,不犯错误反而是异常的。所以,作为老师我应该给孩子以宽容和理解。于是,我力求"全接纳",接纳所有的孩子,接纳孩子所有的感受。我主张"慢引导",要做一个真实的老师,做一个不忘童年的老师,真诚地相信每个孩子都有希望,真诚地还给孩子属于他们自己的世界。

17. 把学生发展成我们的帮手

冯婉迪

毕业8年，做班主任7年，不时遭遇失败，成绩也有过一些。说起专业成长，帮助我的人和物都太多了。读书、写作、论坛开帖，师傅孜孜不倦的引领，学校领导一直的关注，校内老班主任的指导和支招……这些都令我难忘、感动，我也确实受益匪浅。不过，我还是认为，在我专业成长的道路上，为我的平稳前行做出最大贡献的，还是我那一拨又一拨的孩子们。

"拥抱飞翔"，是我教育随笔的名字，也是我带班的理念。

曾几何时，我孤零零地站在讲台上，一人面对60人。孩子们的不听话、不配合，气得我连续几天失眠，我绞尽脑汁想着"对付"他们的策略。一招又一招，使出浑身解数，可最终还是落得怨声连连，班级工作也没有任何起色。

班里的桌椅摆放曾是困扰我的大问题，每天早晨或下午刚上学，值日生把它们摆放得整整齐齐，但一过课间就走了形。为此，我天天强调，亲自督促，说急了也大动肝火，但效果不佳。我一筹莫展，只好叫来两个班长，让他们商量对策。两个小家伙很聪明，借用班会时间动员全班同学为此出谋献策，最终确定了一种方案：在地板上用油漆画标志点，之后每个同学按照标志点摆好自己的桌椅。方案确定之后，一瓶油漆、一把刷子、两张模具硬纸板，半个小时时间，班委把点画好。第二天告知大家，简简单单，桌椅摆放的问题居然从根本上解决了。

这件事点醒梦中人，我放弃了高高的讲台，走下来和孩子们站在了一起，慢慢找到了自己新的定位。

"班级议事"是我重新定位后的第一项举措，我把它纳入每月月末的班会里，我让班委列出这一个月内班级出现的问题，由全班同学商议解决。后来又觉得班委也有局限性，干脆全班一起总结问题，之后再一起商议。本来只是想用这种方式议班级之事，没想到通过这种方式，孩子们的主人翁意识一下子被激发出来了。看着他们为了班里的事情绞尽脑汁想办法，为了一个方案争论得面红耳赤，我突然觉得自己已经可以由前台转入幕后了。孩子们远比我想的要细心，要自立，要强大。

一年又一年，我的学生在变，但我的教育理念却固定了下来。一个好汉三个帮，一个班里有这么多学生，把他们都发展成我的帮手，让自己不再孤军奋战。

"我们都是单翼的天使，只有互相紧紧拥抱，才能够一起展翅飞翔。"我不记得第一次见到这句话是在什么地方，但我记得，当这句话第一次映入我眼帘时，心中的共鸣带给我难以言表的激动。这句话，也成为了我与每一拨孩子见面时的开场白。我忘不了孩子们听到这句话时的表情：那种憧憬，那种温馨，那种再大风浪也风雨同舟的坚毅。

【我的教育理念】

当我们站在高高的讲台上，用手指着讲台下面大声训斥，或宣布禁令时，我们就已经把自己推到了一个孤独一人的悬崖边，注定无助、无果。很可能就是这种孤独的结果，让我们从上面走下来，置身于孩子们中间，从他们那里得到智慧，获得合作。一个好汉三个帮，众人拾柴火焰高，说得很有道理。

18. 教育因尝试而精彩

刘坚新

因为画地为牢、固步自封，我教学生涯的前 10 年是黯淡无光的。班级管理一团糟，工作业绩平庸，少不了受到领导的指责、同事的诟病、家长的反感、学生的刁难。痛苦的藩篱已就，想要打破难于上青天。

2005 年 3 月间，大学时的好友郑学志找到了我。见我年纪轻轻一副老气横秋、不思进取的模样，他痛心疾首地说："你这样教书不是误人子弟吗？你当年的那股锐气哪里去了？教育的词典上虽然找不到包治百病的灵丹妙方，但我们总可以去尝试啊。"听了好友的话，我欢欣鼓舞，又羞愧难当。"自古成功在尝试"，我怎么连这样简单的道理都不懂呢？与其吊死在没有希望和前途的班级管理旧模式上，不如尝试改变。

一场悄无声息的改革在我紧锣密鼓的尝试中上演了。

我在班上烧了三把"改革的火"。第一把"火"是模仿教育名家魏书生、李镇西，用班规治班。由于是照搬名家的治班条款，没有顾及学生实际，缺乏针对性，班规推行不久就形同虚设。就这样，第一把"火"悄无声息地熄灭了。第二把"火"是推行民主。但是，由于没有搞清楚民主治班的真正内涵，把民主治班混同于听任学生摆布，连续两年，都以失败谢幕。第三把"火"是在班级推行赏识教育。但是，由于是一根棍子插到底，用一个标准要求不同的学生，学生觉得我很假，最后也无疾而终。

三次尝试，三次败北，耳边的风言风语随之多了起来："什么德性，他可不是一块改革的料！""改来改去还不是折回老路子，瞎折腾！"就此罢手，不是我的个性。痛定思痛，我猛然醒悟：其实，我所推行的任何一种教育改革都没有错，错的是我机械"复制"，不知变通。在学习先进经验之前，我缺乏必要的反思，缺乏认真、系统的专业知识的学习、消化。难怪我会碰得头破血流。

明白了工作中存在的问题，我开始尝试一种全新的适合我们班级、适合我个人性格的班级管理模式——班级管理自主化。

这一次，我没有急于求成。打铁先要自身硬。我开始广泛阅读班级管理方面的书刊：《班主任之友》、《班主任》、《教师博览》、《人民教育》等，成了我的案头必备；苏霍姆林斯基、夸美纽斯、杜威、陶行知等，一个个教育伟人瞬间变得如此的亲切。

几年辛苦不寻常。随着个人文化底蕴与班级管理艺术的提升，我的班级管理自主化尝试也随之风生水起。班级工作随之发生了翻天覆地的变化，老师管得轻松，学生学得开心。我一跃成长为我们学校、我们县市最受学生欢迎的优秀班主任之一。

在班级管理的道路上，我尝试，我成功，我快乐！

【我的教育理念】

"'尝试成功自古无'，放翁这话未必是。我今为之一转语：自古成功在尝试！""莫想小试便成功，哪有这样容易事！有时试到千百回，始知前功尽抛弃。即使如此已无愧，即此失败便足记。告人此路不通行，可使脚力莫浪费。"我愿将胡适先生在新文化运动中的这两首白话新诗与诸君共勉，教育因尝试而精彩！

19. 低头拉磨，抬头看路

陈晓华

在教育耕耘的过程中，不少人早晚围着学生转，只埋头拉磨，不抬头看路，转来转去，最后转回原点。拉磨是必要的铺垫与耕耘，看路是敞亮自己的胸襟，选准自己的突破方向。我觉得，找到切合自己且能发挥自己优势的突破口，是抬头看路的重要标志。

我曾反复揣摩过自己，我不擅长思辨，短于概括提炼，文字表达仅停留于文通字顺。长处也不少：敬业、投入、有爱心，情感真挚，更重要的是有一种心无旁骛的执著。掂量清楚自己后，于是我选择走师生关系的路线，做一个魅力班主任。

回首自己的来路，历经了许多阅读和铺垫。刚开始教书时，因自己年龄偏大，千方百计地想减少经验积累的过程，于是想到阅读相关的教育著作，通过阅读弥补教育过程和阅历，利用别人的经验减少自己总结教训的时间。为此，我积累了十几本精致的教育笔记。

走进"K12"教育论坛和"教育在线"，我建立了自己的博客"桃李守望者"。

网络上的教育案例真实鲜活，经过思考、提升可以结合实际情况为我所用。讨论辩难收获得来全不费工夫的灵感，结合自己的实际情况，娓娓道来，往往能够引起网友的共鸣，这种共鸣成为我难得的写作动力。家长、学生参与我的教育讨论，无形中拉近了家、校、生三者之间的距离，构建起交流的绿色立体平台。教师的理念既可以引领家长和学生，又可以得到家长和学生的理解与支持，甚至还能收获良性的教育建议和碰撞，也不时接受学生和家长的精神淘洗与激励，这种褒扬激励是教育动力的不竭源泉。

家长说:"当我的孩子在教育的路上走失的时候,在我山穷水尽的时候,是你伸出有力的大手帮我们找寻了回来。"

学生说:"恨不得把老大(学生给我的昵称)打包带到大学去,要是老大能在大学继续教我们就好了。"

教师的优秀,可以说一千道一万,但最后的比拼,无外乎是有拿得出的东西。于是,我发挥执著的特性:我是怎么做的,就怎么随时记录。十年下来,上百万字的随笔变成教育的文字相册。"只有做得好才能写得好。"这是朱永新先生对我的评价。《陈晓华——班主任专业成长的范例》,张万祥老师洋洋万言,抬爱有加,有如教师喜欢帮助勤奋上进的学生。于是,文字相册变成教育著作,讲台的内涵扩大了,变成展现自己的舞台。有了这些真实的东西,特级教师的评选自然水到渠成。

如果说前面的耕耘是"为伊消得人憔悴",是原因,那么,生命中贵人的引荐和提携,则是"柳暗花明又一村",是结果。我想说的是,年轻的教师,不要首先就指望"结果","原因"其实也很重要。

【我的教育理念】

成长离不开学习,学习是一个储备、积累的过程。学习的最高境界是学以致用。用而有成效或者失效,便结合自己的思考进行整合,凭借持之以恒的执著,假以时日,加之贵人相助,便水到渠成。

20. 德育预设让我 hold 住整个场面

钟 杰

刚做班主任那几年,虽然教室里看起来风平浪静,但我总感觉有一种令我难以掌控的暗流在身边涌动,而且我还时常做恶梦。不是梦到牙尖嘴利的女学生骂我,就是梦到高大威猛的男生打我。

也就是说,教室里的人和事,我其实掌控不了。

这是为什么?因为我不知道怎么当班主任,我没有专业知识,也没有专业成长的意识,更不知道如何进行专业成长。

直到有一天,跟一位农民的对话,让我领悟到班主任工作其实就跟农民侍弄庄稼一个道路:你若违背庄稼的生长规律,势必就要遭遇歉收或者颗粒无收的窘况。

那位农民说:"要想收获颗粒饱满的玉米,首先就要选好种子,然后在适宜种子发芽的季节将种子播下去。播下去之后先要做什么后要做什么,都不能乱,一步步经营下去,最后才有好收成。"

农民的这番话无疑给了我一个极大的启示:我们的孩子,不就是一颗颗被播种到土壤里的种子吗?我要做的,不就是按照庄稼的生长规律,把每一个环节用心做好,然后喜悦地等待收获吗?

自此,我豁然开朗,我知道该如何去经营我的班级,以及如何进行我的专业成长了。

首先,我大量地读书,凡是与青少年有关的书籍我都读。几年下来,对于青少年的生理发育、心理发育、性格形成,以及他们在各个阶段的思想意识,我都了如指掌。

其次,埋头啃一些教育理论专著,为我的工作实践找到理论支撑，增强我的专业底气。同时，也根据自己的性格特点、带班风格、社会需求，梳理出与时俱进的教育理念。

最后，也是最重要的环节——治病于病情发作前。在我的教育理念里，我始终拒绝"消防员"角色。虽然教育"消防员"就像扁鹊一样，可能会令人起死回生，也可能会为自己"赢得生前身后名"，但那样的奇迹毕竟是少数。可以喝彩，却不可以复制。

比如早恋现象。如果等到孩子早恋了，我们再来围追堵截，那只会让孩子更容易陷入早恋旋涡。我是怎么做的呢？当孩子普遍进入青春期后，我会把重点放在孩子的性教育上，系统科学地对男、女生进行性教育。当然，在进行性教育的同时，还要给学生的心灵注入尊重女性、爱护男生、孝敬父母、预防青春期恋爱等思想意识。这样一来，孩子早恋的现象就会减少；即便发生了，也很容易引导孩子正确对待自己的感情。

由于我在育人方面重视德育预设，所以我的班级很少发生背离原则或者道德的问题。也正是因为有了这种德育预设的思维模式，我的专业成长才有章可循，有路可走。更为重要的是，我的班主任工作也因此做得风生水起！

【我的教育理念】

所谓德育预设，就是接手一个班级后，先要在脑海里做一个宏观的构想，把每个年龄段可能会出现的问题一一预设出来。趁问题还未成形或者尚未爆发出来，有针对性地利用规则教育、理想引领、班级文化、班级活动等各种教育渠道，将问题消灭在无形之中或者萌芽状态。我多年的实践证明，这种层层铺垫、步步为营的育人模式，最终的结果就是步步为"赢"！

21. 与学生牵手

周玉波

真的，世界上没有任何一个群体能比学生这个群体变化得更迅捷。尽管我们每天面对他们，但还是经常让我这个做了二十来年的、自认为很优秀的班主任感到一阵阵眩晕。我想，我必须做点什么了。

当我以"引领者"的角色出现的时候，我才发现我并没有牵着学生的手，也不知道从何时起学生松开了手。

一个学生找我咨询，进门就说："周老师，我太痛苦了，我失恋了。"

我让他坐下，问他是怎么回事。他说："那天我去车棚推车，抬头一看，一个女生也在推车。当我们四目相对时，我的心怦然一动。"后来，他开始向那个女生展开了一波一波的进攻，可是人家就是不理他。于是，他认为失恋了，很痛苦。

听到这里我忍不住问道："你们这些孩子，就追求所谓的一见钟情，你们有真感情吗？"

那个男生说："周老师，我也知道我们没有真感情，但是像我们这个年龄，如果不谈个异性朋友，到老了回忆时，您说我亏不亏啊！"我说："你这是要干什么呢？"

他随口甩出了三个让我眩晕的字："玩玩呗！"

由此我想到了前些年流行的一首歌《两只蝴蝶》。我特别喜欢这首歌，并把它放在我的歌曲收藏夹里。一天，女儿打开了我的收藏夹，看到《两只蝴蝶》后说："老爸，你真老土，还收藏这首歌。"

我说："这首歌怎么了，现在唱得多火，大街小巷都在唱，难道不是你们唱火的？"女儿说："我才不喜欢呢！"

我带着疑惑去问我的学生,结果他们都不喜欢。我这才明白,原来《两只蝴蝶》是我们这些中老年唱火的。

带着好奇我打开了女儿的歌曲收藏夹,看到的是李宇春、周笔畅、花儿乐队。打开一首,咿咿呀呀的,一句也没听懂。这一刻我才感觉到,我这个自认为和女儿没有任何心理距离的父亲,却与女儿接受着不同文化的熏陶。

我的脑海里突然浮出一个概念——文化。这些年的影视作品中应接不暇的"戏说"、"新版"、"穿越",搞乱了中国的古典文化;这些年的流行音乐中,不断涌现的"通俗"、"恶俗",也让人远离了经典。不知道是排斥这种文化的我们远离了"90后",还是接受这种文化熏陶的"90后"远离了我们。但我清晰地感觉到了一点:作为一名班主任,如果不研究社会的流行文化,就不可能牵手文化社会中最不安分的群体——学生。从此,我开始有意识地走进时下的学生文化中,我开始关注流行歌曲,关注影视,关注网络。

二十来年的班主任工作中,我也许的确制造过"神话",但班主任工作中却没有永久的"神话"。社会的瞬息万变,学生的瞬息万变,使我们不能不变。要做学生的引领者,重要的是与学生牵手。

【我的教育理念】

当我们潜心感受教育的时候,我们真真切切地感受到了每一届学生都会有不同的变化。一个不了解社会文化的班主任,很难和学生牵手。作为班主任,尽管我们力量微薄,但也要做影响学生文化的引领者。

22. 成长，因为"孩子"

钱志惠

一不小心成了"名师"——市首批德育工作带头人、区德育名师工作室主持人，让自己在 2011 年着实虚荣了一把；一不小心又成了"专家"——教育部 2011 年"国培计划"首都师范大学高中班主任班专家组成员，看起来名头也够响亮。

好多次有人问起我的成长经历，我却不知从何说起。仔细琢磨之后我发现，原来我的成长，只因为"孩子"二字。

刚工作的那几年，我足够勤奋。因为年轻，起早摸黑，无怨无悔；因为气盛，事事争先，筋疲力尽。每天就为了班级常规与学生斗智斗勇，再就是为了学生的考试分数费神费力，一拨拨、一茬茬，我乐此不疲。我以为我足够优秀：这不，刚送走一届初三毕业生，学校就让我去做初一实验班班主任。不过，不久我就发现自己错了。

虽说是初一，但这些学生的年龄要比同年级孩子小一两岁，因为他们小学五年级上完后就直升初中了。因此，我这个班主任实际上就是小学六年级的班主任。说实话，真的感觉不适应。整天面对着一群心智不成熟的小学生，看着他们为了一丁点鸡毛蒜皮的事吵闹，为了一点点情绪就与你说上半天，感觉真是烦不胜烦。看着另一个班的班主任每天都神采奕奕的，我就纳闷她怎么不烦呢。偶然间，我问起她烦不烦，她说："怎么会呢？小朋友很可爱的。"天哪！怎么还可爱呢？烦都烦死了，吵吵闹闹地，听不进批评。

"没有啊，孩子嘛，就是这样的。你看我们家的妮妮不也是这样的吗？"这是一位妈妈班主任，她所说的"妮妮"就是她的女儿，现在也是她的学生，虽说这位老师给人的印象一直都是严肃、严格的，但此刻我在她脸上看到的只有平和与淡定。

"孩子嘛，就是这样的。"在妈妈眼里，孩子就是孩子，孩子的天性就是调皮的。我们做老师的，面对学生的时候，理所当然应该温厚宽容。

在这里，"孩子"是一种身份，更是一种观念。以前的自己似乎就从来没有这样的意识，只为"师道尊严"，学生就要"顺从"、"听话"。我知道自己的改变就该从这一刻开始。从尝试到喜欢，我开始用"孩子"来称呼我的学生们，因为这个称呼可以让我更加从容地面对他们——孩子嘛，我有什么不可以接受的呢？我以为，在如今的教育环境中，"孩子"这个称呼要比"学生"更接近于生命的本质，当我们以长者的身份更多地关注他们的成长与发展时，我们自己也在成长着。

一个偶然的机会，我读到了台湾作家张晓风的一篇文章《世界，我交给你们一个孩子!》。文中，一位母亲看着自己年幼的小儿子挥手再见独自上学的背影，感慨道："世界啊，今天早晨，我，一个母亲，向你交出她可爱的小男孩，而你们将还我一个怎样的人呢？"在那一刻，我更加深切地体会到："孩子"是一种要求，更是一种责任，而我的成长也还在路上。

【我的教育理念】

成长没有起点，也不会有终点。教育当是"求真尚美明德至善"之举，我们只有真正接受了学生的"孩子"身份，才不会那么粗暴无知地把学生变成"考生"。当我们时刻记得"假如我是孩子"、"假如是我的孩子"时，教育一定是善的、美的。

23. 我的儿童节

李善玉

从教十几年，我经历了很多事情。有快乐，也有辛酸；有成功，也有遗憾。有些事情如过眼云烟，很快就会淡出心灵的视野；而有些事情却如无尽的波涛，时时冲击着记忆的闸门。

2005年春节刚过，我得到了一个令人震惊的消息——我们班的小晓同学不幸身亡。一时间，社会上有关他死因的说法谣传四起，而且异常恐怖——都说是自杀。这个消息令我极端难过。我不忍面对花蕾的凋谢，更无法接受一个充满希望的年轻生命选择自我消亡的事实——而且，他是我的学生！很长一段时间，我陷入深深的痛苦与郁闷之中不能自拔。

我不知道我的情绪是否影响到了我的学生，但在后来发生的事情中，我实实在在地受到了感动和鼓舞。

那是初夏的一个早晨，我像往常一样早早来到学校。在食堂门口，碰到了我们班的几名住校生。他们聚在一起，窃窃私语，似乎有什么事情。看到我时想要说什么，但欲言又止。我停下来问他们："有事吗？"一名女同学鼓足勇气，递给我一张纸说："老师，这是我自己画的，虽然画得不好，但我是真心的——祝您节日快乐！"说完，一溜烟地跑了。我一头雾水："祝我节日快乐？今天是什么日子？"我满腹狐疑地打开了那张纸，原来是一幅水彩画，画的是一颗大大的红心，下面还有一行小字："希望您忘掉一切的不愉快，快乐地过好每一天。"我无奈地一笑：真是一群孩子啊，可能是他们想放假了吧！

回到办公室，我的桌子上已经堆满了各种各样的水果和零食。我想，这可能是哪位老师把孩子带来了。

来到班里，早晨的卫生清扫工作已经结束，全班同学正安静地坐在座位上。看到我进了教室,他们纷纷露出诡异的笑脸。这时,心直口快的赫然跑了过来,迫不及待地向我问起:"您看到桌子上的东西了吗?那个瓜是我和培旭买的,巧克力是小超买的,口香糖是……"

我没等他说完便问道:"买那些东西干什么?"

"祝您节日快乐啊!今天是'六一',您忘啦?!"他一脸的严肃,说得很认真。

"谁过'六一'?"我更加疑惑了。

"是这样,"他继续解释道,"我们看您好像有点心烦,总是愁眉不展的,所以我们想让您高兴高兴,给您过个'六一'。希望您忘掉所有的不愉快,永远年轻,永远没有烦恼。"

他连珠炮似的一口气说了很多。我恍然大悟,这不是我的学生在帮我分担忧愁、化解烦恼吗?我发现班里很多同学都在偷眼观瞧、暗暗倾听。看着那一张张稚气未脱的脸,我突然有了一种想哭的冲动。

【我的教育理念】

每当我感到内心的郁闷无法排遣,我就会走进教室,看一看学生灿烂的笑脸。因为有了学生,我的生命永远春意盎然。

教师的世界里没有冬天。

24. 主动让学生评价我们

赵 坡

文学名著《围城》中有这样一段话:"无论如何,这些学生一方面盲目得可怜,一方面眼光准确得可怕。他们的赞美,未必尽然,有时竟上人家的当;但是他们的毁骂,那简直至公至确,等于世界末日的'最后审判',毫无上诉重审的余地。"

从教育实践来看,钱钟书先生的这种说法可信度颇高——在一个班级,如果多数学生厌恶班主任,那么这名班主任必定存在一些问题,因为学生和班主任朝夕相处,他们对班主任的长期细致观察,让他们对班主任的优缺点了如指掌。从这一个角度来说,如果班主任能主动创设一些情境,让学生诚心地来评价我们,那么,我们必将因此而获得快速成长。

自从担任班主任以来,我一直践行着这种教育理念。每个学期我都会举行两次学生评价班主任的活动,一次是在学期中,一次是在学期末。为了能让学生放心而又诚心地来评价我,我总会这样引导他们:"同学们,如果你们遇到的班主任是一位优秀的班主任,那么他将会用让你们感到舒心的形式和你们交流,用让你们感到温暖的方法和你们交往,用让你们感到智慧的思想来引导你们……如果班主任很优秀,那么学生也会因此而变得更加优秀。对于我来说,我想做一名对所有学生都有帮助的班主任,但是受自身条件的限制,我在各个方面可能都存在问题,而你们和我朝夕相处,对我的优缺点最有发言权。现在,我希望大家能把对我的评价写在一张纸上,以帮助我变得更加优秀。你可以署名,当然也可以不署名。"

当班主任愿意和学生坦诚交流时,学生也会毫无顾忌地向班主任敞开心扉。从我过去举办的几次评价活动来看,很多学生的话语不仅说到了点子上,而且还给我带来很大的触动。

比如,小斌是我带的第一届学生,她在纸条上写道:"墙上一旦被钉了钉子,即使把钉子拔了下来,墙上也会出现一条裂痕,无论如何修补,这条裂痕总是存在的;遇到问题时,您一定要调查清楚后再做处理,否则您和学生之间的裂痕就会越来越多。"当时我刚走上班主任工作岗位,一遇到事情,往往只凭借自己的主观判断,就对着学生大呼小叫。冲动的我,那时候制造了很多"冤假错案",小斌的话让我醍醐灌顶。在接下来的工作中,我时刻谨记着小斌的告诫,类似的错误几乎没有再犯过。

主动创设让学生评价我们的活动,一方面可以让我们对自己的优缺点有更加清晰的认识,促使我们沿着正确的方向求索,另一方面也向学生展现了一个思想开放、态度真诚、追求卓越的班主任形象,可谓一举两得。

【我的教育理念】

对于我们青年班主任来说,获得专业成长的途径有很多种,但是这并不说明我们的专业水平就可以轻易提升。我们获得进步的前提是知道自己好在哪里差在哪里,否则我们所谓的寻求专业成长的行为无异于缘木求鱼。而与我们朝夕相处的学生,就是评价我们的最公正、最客观、最准确的"天平"。当我们想要获得进步或者感到迷茫时,我们不妨向学生寻求帮助。

25. 以尊重赢得敬重

宋子谦

4月6号上午，我进入自己所带的高一（8）班教室，坐在后边准备听化学课。预备铃响起，我提醒同学们安静下来准备上课。但是直到上课铃响起，后排的几个男孩子依然大声地逗笑。"你们几个安静下来！"我大声呵斥道。男孩子们一看我脸色变了，赶紧规规矩矩地坐好听课，只有体育生小冬依然如故。好家伙，故意让我难堪是吧？

"小冬，你给我安静下来！"不镇住他，班级还怎么管？我的威信何在？

"你想干吗？你吼什么？"没想到他瞪起眼睛喊了起来。

"我想让你安静下来，让同学们好好听课。我在管理班级，保证教学免受你的干扰。"我的嗓门更高。

"你吼什么？你吼什么？"他竟然寸步不让。

我的热血直冲脑门，拳头立即紧握起来，但耳畔立刻响起一个声音——"冷静，你面对的是学生！"做个深呼吸，我把他领出教室。

"小冬，你上课怎么能随便说话，影响大家学习？"走廊里，我降低了音量。

"那你吼什么？你犯了错，校长也吼你吗？"他不依不饶，还有理有据。

大脑一时没有转过弯，我张了张嘴竟说不出话来——我教训你，你反倒训起我来了！但是他讲的道理却实实在在，我犯过错，领导们特别是校长确实从来没有吼过我。我该怎么办？

"小冬，首先我承认吼你不对，对不起。"我认认真真地对着他鞠了一躬，"其次，我希望你明白，同学们的学习权利是不容侵犯的,监督管理缺乏自制力的你们是我的职责和权力。希望你日后遵守秩序,尊重同学的权利。"

"嗯,谦哥,以后不会了。其实我挺服你管的,你平时也挺好,但是不要动不动就发脾气。刚才你一吼我,我就急了。我知道我不对在前,对不起了,谦哥。"他也对着我鞠了一躬,就跑进班里了。

我独自纳闷:"我有吼他吗?有动不动就发脾气吗?"

这个问题很快就得到了回答。第二天从高一(2)班门口经过,见很多学生围着信息板热烈地讨论着。走过去一看,一张《各科老师经典语录》贴在上面,对我的描述是:"政治老师基本没有语录,就是有特点,爱冲动,爱吹胡子瞪眼,爱面目狰狞。"兼听则明,看来小冬没有说错,我长时间以来怎么忽视了这一点呢?

从立志从事教育事业到正式登上讲台,我认真地学习先进的教育理论,苦练过硬的教学基本功,以期成为一名合格的教师。从教以来,我几乎把所有的精力和时间都放在了工作和学习上,怎么赢不来学生的尊重呢?而一个小小的道歉却赢得了学生的敬重。

"小冬事件"让我明白:尊重学生方能赢得学生的敬重。

【我的教育理念】

高中学生毕竟还是"半成熟、半幼稚"的孩子,犯错很正常,教师的大声训斥又有何用?训完学生,自己并没有感觉轻松,反而为自己的情绪失控而懊悔。曾有哲人说过:"失去理智时的冲动,常常造成长久的悔恨;而长久的悔恨,又常常会使人失去少有的激情。"控制自己的情绪,真诚地尊重学生。尊重学生才能智慧地解决问题,尊重学生才能赢得学生的敬重。

26. 学生的爱促我成长

王莉（深圳）

我不知道"没有爱就没有教育"这句话的原创是谁，但自从我做老师的那天起，这句话就一直在我耳边萦绕。我暗暗发誓：一定要做一个充满爱心的老师。

我以为，做老师其实很简单，只要心中有爱就行了。因为我听过很多感人的报告，都说师爱是一把无所不能的金钥匙，可以打开所有紧闭的心门。只要我爱学生，学生就应该听从我的劝告，接受我的说教；只要我心中有爱，学生就应该明白我的苦心，顾忌我的感受……我的教育，应该是一帆风顺的。

然而事实证明，这只是我的一厢情愿！

那天，我含着眼泪冲出了教室。半个小时的苦口婆心，我想用自己迫不及待的爱，让两个喜欢打架的学生明白他们的错误，理解我的苦衷。可是，我看到的只是小键满不在乎的神情，小杰不屑一顾的蔑视。我突然出现了爱的倦怠：我的付出与收获根本不成正比！我不想再爱！

我把自己关在漆黑的办公室里发呆。我不想开灯，甚至不想再看到那些让我伤心的孩子们，我看不到光明，甚至对教育陷入了绝望：我对学生关爱有加，并且学生也知道我一向反感以大欺小的行为，可他们竟然置我的要求于不顾——连续两次欺负初一的小同学！

不知道什么时候，门被轻轻地推开了。珊端着一碗热气腾腾的汤，慧拿着两个汉堡。慧轻轻地说："老师，您别生他们的气，他们不是故意惹您生气，是他们根本管不住自己。您走出教室后，全班多数同学都谴责了他们，他们也很羞愧。我敢保证他们不会再犯这样的错误了。"珊打开灯："这是您最喜欢的紫菜鸡蛋汤,还加了虾米。您马上有晚修,快喝吧!不能空肚子上课。"慧递过两个汉堡说:"还要把这个吃掉,要不然会饿的。"

面对这两个懂事的孩子,我突然感到十分羞愧。我原以为自己很理性,其实我是在用自己任性的爱对待着我的孩子们。孩子们用爱给我上了一节教育课。

眼泪和汤被我一起喝了下去,在她们两人的监督下我吃了一个汉堡。我觉得自己活力四射了,有孩子们的爱,前进路上再也没有什么阻碍了。我坚信小杰和小键也一定可以成为像珊和慧一样优秀的孩子。我两手搭在她们的肩上,自信地走向教室。

经历这件事情之后,我更为清晰地认识到:爱是我们教师的本能,但爱并不是学生必须接受我们教育的理由和依据;爱和教育,都必须赋予一种更为理智和聪明的表达方式。

现在,如果说我在教育上有什么成就,应该是我的学生让我更深地理解了教育,理解了爱——是学生的爱,促进我成长。

【我的教育理念】

我一直困惑地走在班级管理的路上,也在书中苦苦寻觅教育的良方和前进的动力。诚然,读书和反思可以让我们成长,而真正能让班主任成长的动力则是老师和学生之间心心相印的爱。学生对老师的爱是管理者无比强大的动力,是教育者和被教育者能够彼此敞开心扉的"金钥匙"。

27. 和家长做朋友

吴樱花

在十几年的班主任生涯中,我觉得自己最得意的一招就是和家长做朋友。无论优秀学生还是后进学生或者中等学生,只要我和他们的父母成为朋友,他们对我的教育和教学在感情上基本就接受了。于是,班级管理也就开始进入良性循环的轨道。

和所有家长做朋友,并不是一件容易的事情,因为不是所有的家长都能接受老师。根据多年的工作经验,我发现最难攻克的家长有两类:一类是自恃较高而怀疑老师的,一类是爱子心切而不可理喻的。无论对哪一类家长,我秉持的原则都是积极主动地表示我的真诚,并让他们相信我们互相合作是能够促进孩子进步的。

记得我刚到一所新学校,第一轮家访时就遇到一位家长向我抱怨。她说她的孩子是如何如何优秀,她对周围一些名校的了解也如数家珍,而她的孩子是我们学校的"地段生"。虽然最终她把孩子留下来了,但是她对我们这所新学校以及这里的新老师充满了怀疑,言语中也充满了焦虑。我用自己行走的心路历程和她进行了真诚的交流,并就治班的理念以及对她孩子的分析等方面和她交换了意见,得到了她的高度认可和信赖。在她的孩子第一次期中考试失利的情况下,我积极主动地帮助他们分析原因,稳定家长的情绪,孩子很快就调整过来了。随着孩子成绩的稳步提升,这位家长和我的友谊也逐渐加深。在后来的家长会上,我还特意安排她发言。她用自己的真实事例感染了很多家长,帮我解决了诸多问题。

还记得有一位以粗暴蛮横出名的家长,她溺爱儿子,护短成癖,抵触学校,辱骂老师,致使这个孩子在小学时就像一个"小霸王"。读中学时，因为这个孩子"借"了同学1000多元钱不还，我两次预约家长来校，都遭到以"没有空"为借口的拒绝。既然家长没有空，我就主动上门解决问题。推开她家大门，迎接我的是一张冷若冰霜的脸，孩子妈妈戒备地审视着我。我满脸微笑着主动搭话，一顿寒暄之后，空气终于开始流动了起来。这位妈妈开始数落学校的种种不是，指责老师对她孩子的种种不公平，我也尽量从妈妈的角度对她的感受表示理解。当然，我也不失时机地点出她观点的片面性，引导她换位思考来理解老师和学校的感受，理解其他孩子和家长的感受。最终，问题得以顺利解决，这位妈妈也开始配合学校和老师的工作。她对儿子说："吴老师和我是朋友，你一定要听吴老师的话！"

和家长做朋友，孩子就不会在老师和父母之间"钻空子"；和家长做朋友，我们可以潜移默化地实现家教干预；和家长做朋友，让他们出谋划策，有利于解决班主任工作中很多棘手的问题。

【我的教育理念】

家长也是教育资源，家庭教育对孩子的成功起到关键的作用，所以我们不能忽视家长这个庞大的群体。有了他们的信任和配合，我们的班主任工作才会得心应手。而赢得他们的理解和支持的最佳途径，就是和他们做朋友。

28. 跟老妈学做班主任

孙玉玺

"听妈妈的话,别让她受伤……美丽的白发,幸福中发芽……"耳畔回旋的这首歌不由得让我想起了一些片段。

责任——公众人物

开学第一天,60多张新面孔聚在我面前。这一天,对初当班主任的我来说过得紧张而又充实。晚饭的时候,老妈问了一句:"你班有多少学生啊?"

"名单上63个,还有一个没有报到,电话也打不通。"我只顾吃饭,头也不抬地回答道。

过了一会儿,老妈缓缓地说:"今天在吃晚饭的时候至少有60多个家庭在谈论着我儿子。60多个孩子背后就是60多个家庭,100多个爹妈啊。我儿也是个公众人物了,以后言行举止可得像个老师样,要不怎么教育学生啊?"

老妈的语气平缓而自然,却在我平静的心里投下了一颗小石子。60多个家庭,同是晚餐的时间,我的学生会怎么向家长介绍我这个班主任呢?今天我有没有做得不恰当的地方?"对了!"我放下饭碗,站了起来。

"怎么了?"老妈问道。

"那个没报到的学生,我再去打个电话落实一下。"

老妈是第一个让我深刻感受到班主任责任重大的人,直到今天我仍然不敢有丝毫的懈怠。一个孩子的背后就是一个家庭,甚至是一个家族。马虎不得!

宽容——希望

一天晚上我突然接到电话,说小宁打架了,学校让我马上回校处理。到校后,小宁站在墙角。"老师,我又给你惹事了。"他说完就低下了头。

对于这个孩子我还真没少下工夫,前几天跟他谈话的时候,他还说要好好表现,争取尽快把原来违纪的处分给撤销了。"真是烂泥扶不上墙!"沮丧的情绪让我觉得那么多的付出都没有任何意义。

把事件处理完,再回到家的时候已经是第二天凌晨。悄悄进门,却发现老妈正坐在沙发上等我。

"饿了吗?吃点儿东西吧。没事了吧?"

"让家长领回家了。屡教不改,非开了他不行。"

"开除?"老妈好像不大相信自己的耳朵。

"嗯,学校说了,严肃处理,绝不手软。"

老妈听了以后没有再说什么。转身回屋去了。

周末,老妈突然问道:"打架的那个孩子回来了吗?"

"没有,还在家反省呢。""咳,十六七岁的男孩子,哪有不犯错的?老这么在家反省,家长多着急呀,周围邻居问起来怎么说?可不能说开除就开除了。"

听完老妈的话,我的脸上火辣辣的。是呀,小宁是我的学生,他犯了错误我有责任。把他推出去简单,但再想让他转变不就更难了吗?

"妈,我出去一下,别等我吃饭了。"

穿上衣服,我骑车往小宁家奔去。

【我的教育理念】

老妈只是一位朴实的退休工人,但她用最纯朴的言语和行动影响着我:牢记自己是一名公众人物,牢记自己的责任,用宽容的心去善待学生。怀着一颗"妈妈"的心去做班主任工作,才能做好班主任。

29. 情
——我专业成长的"高招"

王有鹏

很遗憾地告诉您,我没有什么班主任专业成长的"高招"。如果真要寻找"高招",我觉得我的"高招"就是一个字——情!对学生的情,对班主任工作的情,对教育事业的情!

1979年,我被师范学校录取了。直言不讳地告诉您,上师范并不是我的志愿和选择,只是因为"服从调剂"才被"逼上梁山"的。当时教师的地位十分低下,很少有人自愿选择教师职业。1981年师范毕业后,我被分配到乡镇当了一名小学教师,并担任班主任。走上工作岗位之后,我才深切感受到当时教师的地位何等低下。在那样的情形下,我根本谈不上热爱教师职业和热爱学生,有的只是愤愤不平和深深的苦恼。但是,一件看似稀松平常的小事,却引发了我情感的"地震",因为那是我第一次被学生感动!

记得那是学生就要小学毕业的某个星期六。中午我睡了一会儿,刚一睁眼,我班的学生小华在窗外问我:"老师,布置作业了吗?"我说:"什么作业也没有,你进屋来玩吧。"我迷惑不解,心想小华从来都是注意听课的,没布置作业,她应该知道,为什么又来问我呢?进屋以后,我正在洗脸,小华坐在桌边的椅子上,不经意地翻弄着一本书,然后说:"老师,这书里有一样东西。""什么东西?""你自己看看就知道了。"我掀开书本一看,里面是一块新手帕。我马上判断出这是小华的手帕。我让她拿走,她拒绝不拿,并坚持说不是她的,最后又说是小芬买的。我怎么能相信呢?我还给她,她又把手帕放到桌上,忽然一张叠得小小的纸片从手帕中掉了出来,我说:"发现问题了!"打开后,我一眼就认出这是小华的笔迹,上面写着这样一句话:"敬爱的王老师:这块手帕就当做我们师生之间的一个纪念品吧。请您收下我这块手帕。"

我当时激动不已,看到的似乎不是一块小小的手帕,而是学生那颗滚烫的心;我读到的不是一段普通的话,而是学生对老师炽热的情,这是令我震颤的、纯洁的师生情。

在这种纯洁的师生情的激励下,我对学生的情越来越真挚,对班主任工作的情越来越浓烈,对教育事业的情越来越深厚。可以这样说,我早已为情所动,甚至早已为情所迷。情,早已成为我专业成长的"高招"。它促使我以高度的责任心对待班主任工作,以真挚的情感面对自己的教育对象,以满腔的热情投入教育教学工作。直至30多年后的今天,我仍然激情满怀地耕耘在教育的田野里。

【我的教育理念】

班主任可以通过读书、学习促进自己的专业成长,也可以通过掌握班主任工作的方法、技巧和艺术促进自己的专业成长。但是我以为,更重要的是通过培育、激发和丰富班主任的情感来促进自己的专业成长。因为教育是充满感情的事业,"没有爱就没有教育"。情,是班主任专业成长的基石、源泉和不竭动力。班主任要真正促进专业成长,就要点燃自己的感情之火,始终高举感情的火把。只要有了情,班主任就会"衣带渐宽终不悔,为伊消得人憔悴"!

第三辑 应对挑战

◇ 我们若要真心前进,重要的不是别人是否给你机遇,而是自己是否有积极进取的行动;若想快乐成长,重要的是要心胸宽广,不介意那点点滴滴的恩怨乃至蜚短流长。

◇ "人,没有没办法的时候。说没有办法,是逼得不够!"关键时候,需要逼自己一把。只有历经一次次蜕变的痛苦,方能绽放生命的美丽。

◇ 站在巨人的肩上自然可以看得更远,但在失败的谷底前行未必不能登抵成长的制高点。当挫败一再现身、如影随形时,不如以包容的心态,积极的姿态,坚韧、笃定的状态去寻找教育生命的春天。

30. 挫败、"问题学生"和寂寞
——我成长中的关键因素

李 迪

挫 败

2005年夏,我参加学校中层领导竞聘,却以失败告终。伤心、失落之时,我读到了李镇西老师为《心灵写诗》作的序,心想这样的文章我也可以写。就这样,我开始了白天和学生谈心,晚上回家在电脑上奋笔疾书的生活。两年后,我所带的那届学生还没有毕业,我的班级日记就公开出版了。如今,我常常想:如果我当时竞聘领导成功,还可能这样写班级日记吗?

2006年春,我得知张万祥老师在网上招收徒弟,便兴致勃勃地报名,却被淘汰了。得知这一结果,我发誓要补课、成长。张老师列出来的书目,我一一买来认真阅读;张老师为弟子布置下来的作业,我一旦知道了总是在第一时间完成、上交。那是我突飞猛进的一年。如今,我已成为张老师的弟子,却不免在夜深人静的时候自问:没有第一次求师的失败,我可能不会如此积极地阅读、思索、写作业。

所以,我感谢挫败的经历。我深信老子的话:"祸兮福之所倚,福兮祸之所伏。"

"问题学生"

我是2005年12月才开始上网,并把自己的班级日记发到网上去的。我这些翔实、生动的教育故事不久就引起了众多老师的关注,因为那些普教上的老师遇到的问题,我都遇到了;他们没有遇到的问题,我也遇到了。这么多年来,是"问题学生"在催我思索、促我成长。所以,我常感叹:是"问题学生"成全了我。

寂 寞

1994年夏，我大学毕业后就被分配到了这所在当时非常偏远的学校。每天下午一放学，空荡荡的校园就只剩下了我这个"孤家寡人"。没有朋友，没有电视、电脑，我只好与书籍作伴。那时，阅读于我，不是辛苦，而是享受。不过，享受阅读需要一种寂寞的境遇，而寂寞本身并不容易获得，因为人性中固有不甘寂寞的一面。将书籍当做朋友的人，多半和我一样，是被环境所限制，不能依靠交往和行动来排遣寂寞，才会在啃噬寂寞或被寂寞啃噬的过程中选择以书籍为伴。

就是在那个时候，我阅读了唐诗宋词、《论语》、《道德经》等，为后来的教学、写作打下了坚实的基础。

2006年冬，当我熟知班级常规管理、渴望进步时，主动抖落来自滚滚红尘的喧嚣纷扰，来到了教室隔壁的"陋室"——这是一间堆放破桌子、烂凳子的房间，夏天闷如蒸笼，冬天冷如冰窖，却很清静。就是在这里，我一次次和学生谈心、一篇篇书写教育篇章，写下了300多万字的教育日记和随笔，送走了两届学生。

我很感谢这间无人问津的房子，让我有机会享受寂寞，因为阅读、思索、写作是需要寂寞来成全的。

【我的教育理念】

"千江有水千江月，万里无云万里天。"月不择江河大小，平等光照。即使仅仅是一碗清水，也能月映其中。所以若想江中有月，重要的不是去追寻月亮，而是自己要有水；若要万里无云，就要清除心中的"云"（代表红尘中功利的羁绊）。我们若要真心前进，重要的不是别人是否给你机遇，而是自己是否有积极进取的行动；若想快乐成长，重要的是要心胸宽广，不介意那点点滴滴的恩怨乃至蜚短流长。

31. 成长
——历经蜕变绽放美丽

王新国

每个人的成长都非易事，需经历一次次痛苦的蜕变，才能深刻体会蜕变后的美丽。

18年前，我当了教师，当了班主任。起初，很多学生家长莫名其妙地给孩子调班。后来我突然明白，那是因为家长觉得我资历浅，没经验，不想因我的年轻耽误了孩子的前程。那些没走的学生，思想极不稳定。班级事务千头万绪，因缺少治班经验，我顾了东顾不了西，整天忙得连轴转，却常常不能有效解决班级中层出不穷的问题，学科成绩每况愈下……领导担心，家长不满。我郁闷，我彷徨，我想放弃当班主任，不再把大好青春年华浪费在没有什么建树的班级管理上。可我的建树在哪里呢？试用期一满，行，人留下；不行，走人！

"为什么别人管理班级有声有色，工作做得顺风顺水？"我时常在思考，在观察。有一天，我突然想到这样一句话：努力或许不成功，但放弃一定不成功。

穷则变，变则通。我开始了对班主任工作的苦苦探究：订阅专业报刊，阅读名家论著，摘抄与班主任工作有关的文章，并向老班主任请教。我总结了5个词：腿勤、眼勤、脑勤、嘴勤、手勤。腿勤：多往班里跑跑，及时了解班内现状；眼勤：勤读书，多学习，勤观察学生中的新苗头、新现象；脑勤：勤于动脑，多问为什么，多想怎么办；嘴勤：多动嘴、多说，而且说到做到；手勤：勤写班级管理日记。我曾搜集了几千份报纸和好几年的《班主任之友》杂志，从中知道了《缘何种瓜得豆》，懂得了《后进生的五大矛盾心态》、《教师应树立怎样的学生观》，掌握了

《班主任工作十大谋略》，学会了《如何处理学生的"不敬"行为》、《巧借三计，从容治班》……我的班主任工作有了很大起色，班风明显有了好转，年纪轻轻的我，多次被评为优秀班主任。

连续16年的班主任工作中，我笔耕不辍，几十篇班级管理的文章在国家级、省级报刊发表。

一粒种子，岁月的风不一定会将它吹落在哪里——或肥沃的田野，或贫瘠的薄地，或沟沟坎坎，抑或峭壁石缝……而一旦落地，生命内驱力便促使它生根、发芽。其成长的过程，无疑充满了艰辛与坎坷，在对抗风雨的同时汲取着自身所需的营养。然而，常常有很多种子因生存的艰难而枯萎了，生命之花难以绽放，无果而终；也常常有很多种子死死抓住赖以生存的一方泥土，拼命扎根，虽然心力交瘁，但仍靠顽强生命力和远大梦想的支撑，争取一片天空，绽放生命的美丽。

如果没有善于学习、善于钻研的意识，没有主动进取、积极创造条件改变自己的精神，我不可能有后来的快速进步。

【我的教育理念】

每个人都是一粒种子，与植物不同的是，人是有思想、有情感的，有自觉能动性，不像植物那样只能被动地依赖环境，而是可以改造环境，寻求自身发展的空间。外因是条件，内因是基础，外因通过内因起作用。人要成长，环境不是决定因素，关键是自己要去寻求改变。自己变了，周围的世界也会随之而变。"人，没有没办法的时候。说没有办法，是逼得不够！"关键时候，需要逼自己一把。只有历经一次次蜕变的痛苦，方能绽放生命的美丽。

32. 对自己可以狠一点

全 斌

"全斌啊，接你班的那个老师年纪大了，身体也不太好，提出不当班主任了，你回去接你那个班行吗？"

"那太好了，可是初三没有生物课啊？"

"正好缺一个化学老师，你就带这个班的化学，但是同时你的高二生物课还得继续上，你看成不成？"

"没有问题，只要能重新带三班，怎么都成！"

现在回想起自己初带化学课时的情景，还是特别兴奋。

担任三班班主任是我初一时好不容易才争取来的，倾情付出了两年。尽管我也知道，学校当时把我的班主任职务拿下，只安排我教高二生物课，目的就是防止在布局调整时把我调整到别的学校。可我心里还是特别失落，毕竟在两年里我付出了太多太多。

好不容易有这样一个机会，怎么都愿意！

就是凭借这股劲，一年后我被高一的年级主任看中，非要我去教高一。于是，生物专业毕业的我与化学又有了不解之缘。这一轮下来，送走了一个高考化学状元。本来以为高考弄个六七十分的班平均分就不错了，没想到我班的化学平均分竟然是104.5分，这在普通中学是破天荒的事情，因为普通中学学生的基础实在太差。

2000年，我又以优异的成绩送走了一拨高三毕业生。毕业了6个班，高一新招生了10个班，可是有两个高三把关的数学老师跳槽了，怎么办？不能没有老师上课吧？作为年级主任，我当时最简单的想法就是：自己这么年轻，又是年级主任，能不多干点吗？于是硬着头皮主动请缨，接了高中数学的教学任务。

生物是本行，化学已经投入那么多，似乎哪一学科也舍不得扔下，再加上当时人手确实不够，于是就这样三科同时教着。

这一教，就是六年两轮。在结束了有形的课堂学习多年之后，我逼迫自己开始了漫长而艰难的自学之路。

当老师，就要当一名好老师。教了化学，就要教好，使自己真正和化学"化合"；教数学，就要沿着数字的阶梯攀登到数学的顶峰。这是我在每次接课后暗暗下的决心。憋着一股劲，我开始了新一轮的学习"长征"。我订阅了几乎所有与高中化学、数学教学有关的报刊，从书店买来大量的教学参考书，做了数不清的习题。

数学公式在我午夜自学的灯光里飞舞，化学反应在我放冷了的饭盒里进行……我的学习走过了从昏天黑地到柳暗花明的过程。刚开始，我向书本请教，向学生请教；慢慢地，我和学生讨论；后来，学生开始向我请教，不仅请教生物，还请教化学、数学。我的解答令学生感到满意、惊讶，进而折服。

尽管从2008年起，我就只教生物，只当一个班的班主任了，但是这段经历，这段逼着自己向前迈进的经历，让我成为今天的我，并将深深地影响着我的未来。

【我的教育理念】

著名心理学家奥托指出，一个人所发挥出来的能力，只占他全部能力的4%。也就是说，人类还有96%的能力尚未发挥出来。而未发挥出来的那部分潜能，或许需要在某种特定的环境逼迫下才能被激发出来。教师的专业成长亦然，有时候我们真可以逼自己一把。

教师，也可以对自己狠一点。

33. 救赎，让自己不断强大

许丹红

2003年8月，层层竞聘后，我从乡镇普通教师变为市一级教师。

怯生生地报到。我没有顶着"骨干教师"等光环来到新学校，尽管上年度我参与申报，条件全都符合，连校长都觉得"市骨干"非我莫属，我却因种种说不清道不明的原因被挤掉了。哀怨、无奈，我曾感叹世道不公。

转眼到了第二年的阳春三月，学校要评市、校级骨干了。凭我在原来学校的"硬件"，别说校级，市级也绰绰有余。正当我彷徨在应该报校级还是市级时，同事好心指点。为确保万无一失，我同时申报市级和校级骨干。本以为校级骨干胜券在握，可是张榜公布那一刻，我的心情陷入了无底深渊：什么市级，就连校级都没有我的芳名。

我恍然大悟，自己初来乍到，一切回归到原点，之前的种种优秀与获奖全都回归到零。怎么办？我应该如何在新校立足？如何得到领导与同事的认同？我的专业成长点在哪儿？

我渴望专业成长，渴望在这样的新环境中有人来拉我一把，渴望领导能给我搭建培训的平台，渴望我能拜市里有名望的老师为师……当我看到一个个培训机会都悄然与我擦肩而过时，我猛然觉醒：与其祈祷别人帮助自己，不如自己来救赎，让自己不断强大。

丢弃了抱怨，放弃了嘘叹，我开始了一个人默默的"救赎工程"。不顾爱人的反对，我买来了电脑，开通了网络，开始了网上的学习之旅。2004年10月2日，我误跌误撞地进入了"教育在线"论坛，宛如一只嗡嗡叫的小蜜蜂进入了一个争奇斗艳的百花园。看着优秀的同行不知疲倦地阅读、书写，我原本沉浸在心底的教育情结被最大限度地激发。我的教育生命掀开了新的篇章：我开始疯狂地阅读苏霍姆林斯基的著作，如着了魔一般，大量阅读教育书籍，书写教育日记。

我原本就挚爱的班主任工作，因为有了系统的反思、实践，更是有滋有味。我连续两年被评为校优秀班主任。

2005年伊始，我张开了飞翔的翅膀，发表文章，做市级课题，教科研一路领先整所学校。语文教学更是芝麻开花节节高，在市抽查中全班优秀率高达70%。校长在全体教师会议上为我翘起了大拇指。

我一如既往地努力着，不经意间，奖赏不期而至：2006年，我有幸成为市德育骨干教师；2007年，我一举成为市德育学科带头人；2008年，首部专著出版，获得浙江省第21届春蚕奖；2009年，在我的恩师张万祥的不断鼓励与提携下，我开始走出浙江讲学；2010年，通过层层考核我成为我校有史以来第一位"嘉兴名师"；2011年，我的第二部专著出版。

回眸来时之路，我深深地意识到，当没有人关注你的时候，与其抱怨不如救赎，让自己不断变得强大。这样，你前行的路就会越来越宽广。

【我的教育理念】

暂时没有得到领导的认可没有关系，没有评到优秀也没有关系。关键的是，我们要在沉寂中静下心来，学会自我升华——不断努力，不断读书、写作、实践与思考，不断地让自己成长、让自己强大。不知不觉地，你就会找到属于你的一片教育天空。

34. 幸福来敲门
——我成长中的关键事件

罗少武

2008年底,我遭遇了严重的职业倦怠。连续当了11年的班主任,从初一到高三,全部当了个遍,我渐渐地感到了累,感到工作没了奔头。抱怨多了,敷衍了事多了,脾气也见长了。那时常常觉得班主任特像古希腊神话中终生服苦役的西西弗斯,他命中注定要永远推一块巨石上山。当石块靠近山顶时又滚下来,于是重新再推,如此循环不息,辛苦如此,乏味如斯。在福州发展得不错的老同学说:"如果累了,不想当老师了,那就过来一起奋斗吧。"我犹豫了,我渐渐地在茫茫的教育路上迷失了方向。

那个深夜,百无聊赖的我在网上漫无目的地闲逛着。突然,一篇题为"做一个幸福的班主任"的博文吸引了我,"幸福"二字深深地刺痛了我。那时,无知的我竟然愚昧地想:难道当班主任真的能幸福?我倒要看看他是怎么幸福的!就这样,在怀疑中我走进了张万祥老师的博客。

我十分震撼!那是怎样一位德高望重的幸福长者啊!我在羞愧中开始反思:张老师为什么是幸福的?我年纪轻轻为何就如此疲倦不堪,感受不到教育的幸福?我该怎么办?

那段时间,我几乎每天都要阅读张老师的文章,我真真切切地感受到了他的职业幸福感,精神上受到了一次又一次的洗礼。再后来,我开始在网上跟张老师沟通,开始给他写信,请他帮忙看文章。张老师总是很及时地帮我解决问题,给我的文章提建议,而且一再鼓励我、引导我。我暗暗下定决心:做一个幸福的班主任。

我开始购买张老师推荐的书籍,大量阅读《班主任之友》等刊物，积极地到教育论坛上与老师们交流，并写文章投稿，开始探索适合自己的真正意义上的德育专业成长之路。

付出总有回报，幸福的敲门声也悄悄地响起来了。三年来，我的班级两次被评为优秀班级，我的二十几篇文章在《班主任之友》、《闽南日报》等报刊上发表了，我也被评为优秀作者、优秀教师和优秀班主任，我参与撰写的《班主任其实好当》等三本书也出版了，《福建教育督导与德育》"人物栏目"刊发了我的照片和我德育成长历程的文章……

可以这么说，认识张万祥老师，是我14年教育生涯中里程碑式的事件。没有他的引领，也就不会有我今天所获得的成绩；没有他的引领，我现在也许还是教育路上一只找不着方向的羔羊。他让我真正地感受到了教育工作的魅力与艺术，让我真正地从内心产生做教师的幸福感，让我在专业成长路上享受到了更多的快乐与幸福。

【我的教育理念】

班主任专业成长路上难免会遇到这样那样的挫折与困惑，关键时候能拥有一个引领者是至关重要的，他可以帮你尽早走出困境，走向成熟。这个引领者，也许是一个人或是一个团队，也许是一篇文章、一本书或是一种报刊。机会总是留给有准备的人，当你内心有了强大的成长需求时，你便会想方设法主动去寻找适合你的引领者，你必定可以"有志者事竟成"，必定可以感受到成长的快乐，享受到成长的幸福。

35. 给自己备一张"凉板凳"

王国伟

新学期,学校对班级进行了调整,成绩好的学生集中到一班,成绩欠佳的学生被安置到二班,班主任也随之调整。领导"高看"我,让我"有幸"接手了二班。"虽然学生成绩不如一班的好,但这也正是锻炼、提高自己业务能力的机会!"我哭笑不得,在以升学率论英雄的时代,哪个班主任不想接手成绩好的班级,为自己贴金抹彩?

学校每届有两个美术班,我一直当美术班的班主任,工作上尽心用力,在师生中的口碑算是不错的。不过,尽心尽力地工作,未必就有"好果子"吃。

比如,有时会得意忘形,常常干出一些"脑子一热"的"傻事"。学校开座谈会,校长让大家谈一谈对学校工作的看法和建议。现场沉默了几分钟,看没人发言,于是我就当了"出头鸟":"学校的投入不够,该花的钱不花,不该花的钱花了不少……"听我放完"炮",校长低头不语,表情紧绷。

再如,工作热情高,能多干就不少干,没有争名夺利的意思,秉性如此。可是,有人认为我是逞能,时不时地在领导那里吹风,"报忧不报喜"。日子久了,领导就对我有了不好的看法。对此,我很纠结,我只是在干好自己的事,又没有争别人的好处,干嘛这样对我?有人给我点透了"窗户纸":"别人只是在应付工作,你却干得那么起劲,岂不是把他们的台阶给堵住了吗?"

我被领导"高看",与以上因素不无关系。

好在我这个人比较"面"——好也受用,歹也受用,有点儿宠辱不惊的意思。既然学校领导递上了一张"凉板凳",我坐上也无妨。班级成绩不是太好,将来升学率低了,有理由抵挡;要是升学率高了，还能再风光一下。这样想来，我的怨气就少了，心态放平了，压力也小了。

压力小，并不代表我工作的投入小了，我照样好好干，要对得起学生。压力小，我可以开始尝试酝酿已久的班级管理新模式，因为不处在浪尖，所以我可以拿出更多的时间读书、思考、总结、提升。领导所说的"这也正是锻炼、提高自己业务能力的机会"，我期待这样的机会的确好久了。忙忙碌碌多年，越来越感觉自己被掏空了。看似辛苦，其实没有长进，基本上吃老本，在低层次上转圈。对于教师及班主任的成长，这是一个传统的"怪圈"，制约着基层教师及班主任的再发展、再进步。

最后的结果是令人满意的。在班级管理方面，我把近两年的班级管理尝试进行了小结，写了一篇《偷懒的班主任》短文，获得了《中国教育报》征文一等奖；参加对口招生，升学率达到86%，我获得上级奖励，第一次被评为市级优秀班主任。

【我的教育理念】

经历折腾之后，我对"凉板凳"有了新看法：在必要的恰当的时候坐一坐"凉板凳"可以清心静脑，让自己及时从盲目的热情中重新审视自己，重新定位自己的发展方向与轨迹。这一次的"凉板凳"是别人给的，以后自己要主动备好一张"凉板凳"，以便随时提醒自己，督促自己。不管是别人给的，还是自己备的，对于我，"凉板凳"是少不了的。

36. 成长始于挫败

杨亚敏

我的教育生活似乎与挫败攀下了难解之缘：第一次做班主任，青涩的我常常在一群毛头小伙子有心或无意制造的事端下屡屡露怯，那时的我多羡慕那些年长的班主任，她们不怒自威的教育魔力常常在梦中嫁接到自己的身上；第一次无比虔诚地将身边的教育故事敲进电脑，惴惴不安地等待学校有名的"笔杆子"帮忙修改、润色，不想却换来前辈善意且不容置疑的否定……

那些过往总以形形色色的挫败呈现在我浅薄的阅历中，于是，便有了我一次次痛定思痛的调整和艰难曲折的成长——

身边的同事曾是我痴狂崇拜和模仿的对象，她们的淡定从容、犀利深刻对我来说，既是工作的标尺，更是难以逾越的标杆。再顽皮的学生，在她们面前都会低眉顺目、收敛锋芒，而笨嘴拙舌的我常常是还没开口就被学生猜到了即将脱口的话和下一步的打算，这种令人尴尬的透明一度让我心念俱灰。

与身边的同事相比，我并不缺少必要的敬业精神和高度负责的工作态度，就算实打实地来一场爱心比拼，我也丝毫不会逊色于旁人。班主任工作的暂时落后一方面缘于我经验的缺失、心态的急于求成，另一方面则缘于我的机械模仿、生搬硬套。

有了这样的醒悟，我不再狭隘地拘泥于与他人的比对中。我尝试立足于自己的教育风格，有选择地借鉴他人的教育经验。成功不再是我唯一的追求和向往，有则庆幸，无则坦然。我不再视无经验为成长的拦路虎。游刃有余固然是班主任工作的完美境界，可步履维艰的行进也是一份特殊的成长经历。当他人畅享成功的愉悦时，我竟能从失败的苦涩中觅得成长的真经：精心设计的班会没有取得预期的效果，是不是过于繁琐的程序淡化了教育的初衷？细心筹备的谈话终陷僵局，是不是对教育过程的预设不够完善？倾力打造的家园未能吸引孩子的眼睛，是不是自以为与时俱进的细节太过苍白？……当这种向内的追问成为习惯时，那些着力构建的外延与驻扎才能收获成长的甘甜。

我每年花在购买班主任专业书籍上的钱多过了购置新衣。在"青春老人"张万祥老师的引领和鼓励下，我克服了职业倦怠，意气风发地一次又一次接手"问题班"、"和尚班"。"不能大步走就小步走，关键是不停步。"在恩师的鼓励下我开始了并不专业的教育写作。我用自己笨拙的方式完成着教育生命的蜕变，尽管沉重却不乏精彩。那篇被前辈否定过的小文章，在经历了几番修改完善和近乎绝望的等待后，终于刊发在华东师范大学出版社出版的《可以这样做班主任》一书中。此后，我的多篇文章在各级各类班主任杂志和书籍中刊发。2011年暑假，我凭借省级优秀班主任的殊荣，在全省的职业学校班主任培训会上进行了经验介绍。

荣誉的光环不能遮挡我渴望成长的期盼，我的教育之旅仍在继续。它依就扑朔迷离，时而是裹足的泥泞，时而是袭人的冷风。然而，我无所畏惧，因为我执著地坚信：成长始于挫败！

【我的教育理念】

成功的经验固然可以成全一次华丽的转身，而挫败未必不是通向教师专业成长的中转站。站在巨人的肩上自然可以看得更远，但在失败的谷底前行未必不能登抵成长的制高点。当挫败一再现身、如影随形时，不如以包容的心态，积极的姿态，坚韧、笃定的状态去寻找教育生命的春天。

37. 选好脚下路，自然到天涯

欧阳利杰

每当脚踏南方的土地，举头凝望南方的夜空，我就不由得为自己人生的跨度之大而感慨万千。从祖国的北边辽宁跑到了祖国的南端深圳，纵跨近乎整个中国。我现在能在深圳安安心心地当班主任，带好一个班，每天与孩子们一起快乐地学习、娱乐，读书、写博，这样宁静与快乐的生活，是我努力追求得到的。

痛苦煎熬的前天

我不知道别人有没有过这样的感觉——当你早上醒来时，想到的是今天还要过无比痛苦的日子，心中就好像有块大石头压得喘不过气来。我就曾患上了上班恐惧症。我害怕上班：害怕每天面对着书记、校长勾心斗角的脸；害怕考核教师，给教师课堂打分、作业打分，评出最差的几位老师待岗；害怕检查团，害怕准备资料，而这所有的资料几乎全是突击出来的；我害怕写总结稿，晚上接到通知，第二天就让你上交近万字的总结，我要绞尽脑汁，搜肠刮肚。那时的我是一所小学的教学副校长，面对自己竞聘上来的岗位，我竟然找不到前行的方向。我只知道，这不是我想要的生活。

我怀念以前带一个班的班主任的单纯生活，而现在的我每天忙忙碌碌，身心俱疲，却没有了一点儿快乐。多少个痛苦的夜晚，多少个不愿睁开眼睛面对的清晨，我在心里呐喊着：这样的生活不能继续下去了。

痛苦煎熬了三年，当我不堪重负得了心肌炎在家休息时，终于痛下决心：既然不快乐，就要改变！

改变生命的昨天

当我踏上广州的土地,当我听到那绵软的南方口音,当我看到新学校的先进教学设备、教师心无旁骛的教学工作场景时,我终于找到了教育本真的感觉。

我重新当上了班主任,无比珍惜这第二次生命。我阅读李镇西的《心灵写诗》,学习魏书生的《班主任工作漫谈》、万玮的《班主任兵法》,听任小艾的讲座。只要是我认为对班级管理有用的,我都学习,并把从书中学到的一些管理经验灵活运用到自己的班级里。我的班主任工作做得有声有色。随着视野的开阔,我的工作方法也越来越多。我开通了博客,每天在博客中与家长及学生分享着自己班级管理中的点点滴滴,我用自己的实际行动向钟杰老师学习着,期待着形成一本我的"教育南游记"。

阳光明媚的今朝

在深圳这块教育的沃土上,我找到了适合自己的位置——班主任兼语文老师。我多次被评为宝安区优秀教师,是深圳市第二批名班主任培养对象。现在的我,每天清晨起来,想到我即将面对的是孩子们天真的笑脸,我将陪伴他们度过人生最纯真的童年时光,心里就充满对世界的感激。

【我的教育理念】

作为一名教师,我们要清楚地知道自己最想要的是什么。叩问自己的内心,选择好自己想走的路,勇敢地改变,可能会获得另外一种人生。因为只要花想开,就没有什么能够阻挡它的怒放。

38. 当班主任，给我创造了专业成长的机会

张国东

当班主任——想说爱你不容易

我自参加工作以来，因所教学科——生物——与高考无缘，连续多年"困守"在高二，担任一名普通的生物教师；后来生物学科被纳入高考，我也未曾分享班主任生活的快乐。理由很简单，我校很重视语文、数学、英语三大学科，这些学科的教师一直是班主任的最佳人选，怎么可能让一名会考学科教师当班主任呢？怎么可能让一个"副科"教师当班主任呢？

于是，我对班主任岗位只能是望洋兴叹了！

领导信任——扛起班级管理大旗

直到2005年秋天，我才迎来教育教学生涯的明媚春天——我的"身价"提高了，终于踏上了班主任这片神奇的土地。要感谢的是陈校长，那时他刚来我校主持全面工作，一次谈话让我萌生了当班主任的想法，更确切地说是我在主动请缨。当时，我看到一起参加工作的大学同学（教语文、数学的）已在班级管理这片沃土上从容地驰骋，而我却与班主任岗位无缘，心中有一种失落的感觉，于是主动向陈校长请战——担任班主任。他很同情我的"不幸遭遇"，微笑着对我说："你已有10年教学经验，可以当高二年级的班主任，在全校聘任大会上宣布后，你就走马上任。你一定要展示自己的聪明才智，把班级管理好。"领导的话让我的心里春意盎然，历经十年磨一剑的我终于可以用自己的肩膀扛起班级管理这面大旗。

面对挑战——反思与进取同行

自从当上班主任以来，我踌躇满志，情绪激昂，信心百倍，在心里规划好一个又一个梦想。我充当"保姆"、"警察"等角色，疲于奔命，从起床、早自习到一日三餐、早操、课间操全面跟起，对于违纪的学生罚站、罚跑步、罚蹲起，师生关系开始紧张起来，班级出现了混乱局面。有的老师说，他怎么能当班主任呢？你看他带的那个班多乱，班级量化评比连续多次年级倒数第一，他真不是当班主任的料！……

我陷入了深深的反思，怎么会出现这种情况呢？我不能退回到"风平浪静的港湾"——辞去班主任职务，我要勇敢地把班级管理大旗扛下去，我必须改变这种现状。怎么改变？我要走专业成长之路。于是，我开始研读《班主任之友》、《班主任》、《德育报》等报刊，开始登录"班刊"教育论坛、教育在线等论坛，并开始买书，张万祥老师的《班主任工作创新艺术100招》、《教师专业成长的途径：30位优秀教师的案例》、万玮老师的《班主任兵法》、陈晓华老师的《班主任突围》、魏书生老师的《班主任工作漫谈》等书籍，摆上我的书桌。晚上是我发愤图强的黄金时间，面对孤灯，与作者分享成功的喜悦。

行走在专业成长路上，我知道路途很遥远，但我会坚定信心，一步一个脚印地走下去。

【我的教育理念】

班主任岗位十分重要，它可以加速教师的专业成长，因此我们要懂得珍惜。领导的信任是我们走专业化成长之路的保证；某些同事的揶揄，可以被当成我们专业成长的催化剂。

39. 要有勇气建设一个"不优秀"的班集体

王君

2009年，我来到了北京。进京之前，在老家我带的每一个班都是当地赫赫有名的优秀班集体。我自信经验丰富、底气十足。

但是在京城，"老革命"遇到了新问题。

我遭遇了一个学生生态和我以前带过的任何一个班级都截然不同的班级：这个班的孩子很多都像黑柳彻子的名著《窗边的小豆豆》中的小豆豆——他们心智发展集体滞后。这个班的"淘气"非同小可：孩子们的行为远远偏离规范。我第一次感受到了传统管理方式的无能为力。

我做班主任向来习惯高标准严要求、雷厉风行、精益求精，力求在有了完美的秩序和优异的学习成绩做保证之后，再在各个层面上进行教育创新，因为在现行的教育背景下，这样做可以以最快的速度得到更多的支持。但是，这个班的孩子们对传统路径亮出黄牌：此路不通！

当已经得心应手的教育方法频频受挫，当已经成竹在胸多年的教育目标体系无法去指导一个集体的成长时，我一度陷入了对自己所秉承的传统教育理念的迷失之中。

我意识到：带这样的一个班，如果像以前那样把追求流动红旗、评选优秀班集体作为首要目标，那么对这群孩子采用的主要的教育方式就是高压管理。短期效果会是明显的，但是，这样的管理会把这个班的个性也"管"掉了。孩子们身上的热情天真，甚至冲动莽撞，对于生命而言，都是多么珍贵的东西啊！从长远来看，对于具有这些品性的孩子，如果我们有耐心，不急功近利地把孩子打造成为谋取现实利益的工具，那么这样的教育，会不会更贴近人性和个性的成长呢？

于是，对"优秀班集体"这个耳熟能详的词语，我进行了重新解读。秩序井然、中规中矩的集体自然是好的，但是，也许还有另外一种优秀班集体——他们豪放热忱、天真冲动、激情洋溢。他们在传统的常规评比中可能暂时不能取得好的分数，因为他们过于天然和蓬勃的生命力不仅暂时没有标准化测试的途径，甚至从表面上看还对传统标准有着破坏力。但是换一个角度思考，破坏力可能就是未来的创造力和生长力。只要遵循规律，导引得法，挺过瓶颈期，这样的集体完全可以树立新的"优秀模式"。

我不再焦虑，不再为没有取得流动红旗而耿耿于怀，不再为在某种比赛中没有取得好成绩而失落痛心。我的班级建设，第一次不再以获得"优秀班集体"的荣誉为目标，我开始了"无功利"的班级建设探索。

【我的教育理念】

在一些特殊的背景下，我们可以暂时避开传统班级教育的近期目标，转换教育重心：回归教育原点，摒弃急功近利，循孩子天性而为，不要着急地用太多的规矩去束缚和强行改造他们。点拨、等待，再点拨、再等待……绝不拔苗助长，绝不能因为高压管理而"管"掉了孩子的天真天性。要相信孩子们，在如水般自然的引导下，他们会慢慢地接受人类共同遵循的那些合情合理的"规矩"——那不是我们强加给他们的，而是他们自己从内心自然接受的。

40. 练成班主任中的"功夫熊猫"

朱建山

看《功夫熊猫》，爆笑之余，我忽然感慨不已：我们年轻班主任又何尝不是一直都在寻找一种治班教学的"神龙秘笈"！

记得刚参加工作的第一年，我意气风发，踌躇满志。然而一个月下来，班级管理效果却并不令人满意。我开始买来各种班级管理技巧之类的书籍，努力学习班级管理理论，到处听名师报告、讲座，虚心向各类名师请教，甚至不遗余力地在班级管理中照搬各种"技巧"、"妙招"，希望取得立竿见影的效果。然而，新的困惑又来了，尽管我倾尽全心，却依然不得要领，各种招数都以失败而告终。

就这样，些许失意、些许伤感伴随我度过一段晦涩的"青春时光"。

一次偶然的成功让我豁然开朗。那是市里组织的一次优质课比赛，要求层层选拔。我想这是一次展示自己的好机会，一定不能错过。照搬人家已经获奖的优秀课例肯定是不行的，我只能根据自己的教学风格和学生实际有所创新。于是，我先花大量的时间研究别人的课例和先进教育理念，然后不断尝试和改进，终于找到了灵感。没想到一路过关斩将，获得市级一等奖。

初出茅庐就获得一等奖让我感受颇多，我开始冷静下来，认真反思。

《功夫熊猫》中的乌龟大仙说："你的思想就如同水，当水波摇曳时，很难看清；不过，当它平静下来，答案就清澈见底了。"我开始明白，招与式只是一个套路，或者说是一个动作。这个套路能否成为克敌制胜的"绝招"，还要看你自身的"功夫"——运用的方法是否得当，力量大不大，速度快不快，动作准不准等。"招数"是可以学习的,但是"招"后的"功夫"是靠自己苦练出来的。

　　熊猫打开"神龙秘笈"之后完全傻眼了:"'神龙秘笈'上面什么都没有。"这足以让包括浣熊师傅在内的所有人震惊。同样,熊猫爸爸所谓仙汤的秘密配方居然就是"不加料,什么特别的配料都不加!"熊猫突然领悟到了其中的道理,信心大增,终于打败了太郎。其实这就是"功到自然成"。

　　名师、名班主任的管理技巧和先进经验都是"招"与"式"。这些"招"都是好招,把其中的套路学会并不是难事,但都是"标"而不是"本"。"本"在哪儿?在于练好自己的"功夫"。教师的"功夫"就是自己较高的专业素养、先进的教学理念,以及对学校文化和学生实际的深入了解。只有在工作实践中坚持自己的梦想,保持自己的热情,不断地体验、感悟、创新,练就超强的"功夫",你才会找到自己的"神龙秘笈"。

　　经过几年的努力,我也在班主任专业之路上迅速成长起来,并取得了一定的成绩。

【我的教育理念】

　　首先,人要有梦想,而我的梦想是要做一个好老师,做一个优秀的班主任。就像熊猫阿宝一样,虽然是"做面条的,连血液里流淌的都是面汤",但是照样怀揣梦想,要当"神龙大侠"。其次,学习名师不是简单的学习人家的"招",也不要奢望有什么秘笈可以照搬。只有结合自己的实际情况,融入自己的思想、情感,广泛地、有针对性地、有选择地学习名师背后的"功夫",才能战胜所有"太郎"。

41. 立志·磨剑·扬帆

——铁杆班主任的幸福人生

杨春林

立 志

我自幼就是一个调皮的学生,被老师指着脑门骂那是常事。有一次和同学打架,老师让我认错,我认为错不在己,死活不认错,老师就罚我站在水泥乒乓球桌上,用细棍抽我小腿,条条伤痕清晰可见。上了师范之后,遇到了很好的老师,特别是班主任张老师,对我的关心无微不至,没有歧视,没有冷眼,真诚地帮助我。

强烈的反差,带给我别样的感触。我暗下决心,一定要做一个爱学生、让学生信服的好老师,做学生成长路上的同伴和引路人。

磨 剑

从师范毕业后,我怀着壮志豪情回到母校,开始了我的班主任生涯。我始终不忘当初的志向,工作勤勉,关心学生,与学生同进步、共欢乐。一年下来,不论是常规考核,还是学业成绩,在年级都名列前茅。初战告捷,我对未来充满了无限憧憬。

一年后调到杭州,带着喜悦和信心,继续新的征程。不经风雨,难见彩虹,近10年内,自我施压,自我挑战,坚持接手令人发怵的班级——有别人不愿带的,有别人不敢带的,也有别人带不下去的。像2003届,一个班有十多个受过处分的学生,一个月换了两个班主任。我与他们斗智斗勇,有艰难也有幸福,但我豪情不改,初衷不忘。如今回想起来,要不是这些不一般的对手,绝没有我今天一身的"真功夫"。真得感谢他们。

我不放弃任何一次学习机会。非常偶然的机遇,因一次班会课点评的直率发言,我得到了青春期教育专家韩似萍老师的认可,有幸成了她的弟子,并成为"韩似萍特级教师青春期教育工作室"的兼职研究员。常随其赴京、津、苏、沪、陕等地学习、进修、交流,学生观有了很大的改变,工作能力有了较大提高。

做班主任还算游刃有余,但有些问题始终苦思不果,难以突破。近几年,我开始游走于各大网络论坛,寻求解决疑难的良方,从中获益良多,尤其是"班主任尖峰论坛"、"教育预案草根研究"、"普高初级群"(QQ群)等平台,让我有机会与李镇西、陈宇、郑学志、万玮等"偶像"零距离接触。案例研讨,专题讲座,一次次热烈的讨论,一次次热忱的指导,为我打开了一扇又一扇通向光明的大门。志同道合的朋友,为着共同的梦想聚在一起,即使严冬也是温暖如春。

扬　帆

扎实的实践、名师的指点,使我的班主任工作实现了从技术到智慧的华丽转身。班级自主化管理日臻完善,在工作中我没有情绪,没有牢骚,只是静静地微笑,默默地欣赏学生的成长。我的班主任工作已获得我校较为一致的肯定,也经常在校内外做一些经验的交流和指导。班级荣获多项市级荣誉,自己也被评为全国班集体建设先进个人,我还成了《班主任》杂志封面人物,并介绍了我的治班之道。这些肯定更坚定了我当初的信念——做一名好老师,做一位好班主任——我将一直努力走下去。

帆已扬,船已航,前方阳光灿烂。

【我的教育理念】

从某种意义上讲,犯错是对未知的探索。学生每犯一次错,就意味着离正确更近一步。如何看待学生成长过程中的问题和错误,直接决定你的教育结果。学生有问题不可怕,老师对学生问题的态度有问题才可怕。修炼(实践、反思、学习)是确立正确学生观的不二法门,而修炼所能达到的境界,则取决于你对工作的兴趣、热情与信念。

42. 用赞美叩开心门

许 玲

山重水复

我接手的第一个班级是著名的"普通班"——初二（4）班。当时学校实行分层教学，按学习成绩的优劣来分班，这个新成立的班级是学习成绩最差、违纪表现最"惊心动魄"的。这个"普通班"真的很不普通，生源质量创我校有史以来最低，学生的学习基础普遍不好，很多学生都是"身在曹营心在汉"，该干的不干，不该干的什么都敢干。

为了管理好班级，我恪守着"严师出高徒"的准则，不惜采取一切手段。为了保证每个学生有充裕的学习时间，我采用极为严格的考勤制度：学生不能用任何借口迟到或请假，禁止一切"非官方"的文娱活动。为了维持纪律，做到"杀一儆百"，我不惜采用严厉的语言。学生说谎，我会说："真是不可救药，干脆退学算了。"学生不服管教，我会说："太没样子了，小小年纪摆什么架子？没有你们几个，地球照样转，而且一秒都不会慢。"在我的严格管教下，我班果真"沉寂"了下来，我心中窃喜。

一次，政教处要检查发型，我威严地说："谁的头发长，放学后都给我剪短！学生就得有学生样，流氓、阿飞才留长发呢！"往常一提剪发教室里就像沸腾的开水，这一次居然没有一个人言语，我暗自得意。第二天，当我满怀自信地带着政教处老师走进教室时，我一下子惊呆了：我班的男生齐刷刷地都坐在后边，而且一律是光头。

我突然明白了：我简单粗暴的管理，已冻结了我与他们之间的那条心河。他们表面上看似不露声色，内心却是"波澜壮阔"。

那是我毕业的第二个年头，我20岁。

柳暗花明

在办公室里,我快速地翻阅着刚收上来的班级情况调查。越来越让我不安的是,多数同学都不约而同地写出了对班级的不满:散漫、学习成绩差、没有上进心……

为了管理好班级,我努力走进他们的心灵世界,用充满爱的眼光去发现他们身上的闪光点,及时给予表扬和鼓励。上课回答问题准确,我会面带欣喜地鼓励:"太棒了,等的就是你这个答案!"面对学习上的失落,我会对他们说:"生命中最伟大的光辉不在于永不坠落,而是坠落后能再度升起。再添一把柴,99摄氏度的水就能达到沸点。"对犯错误的学生,我会真诚地帮助:"还好,事情没有严重到不可救药的地步。说说看,我能不能帮你把错误减轻到最低限度?"

同样的一个镜头,政教处要来检查发型,我微笑着对大家说:"爱美之心人皆有之,换一种发型也许会更美,最起码还能知道有一种发型不适合自己。"往常人声鼎沸的教室里,这次充满的是会心的微笑。

学期末,我班被评为市级三好班集体,我被评为市级优秀班主任。

那是我毕业的第五个年头,我23岁。

【我的教育理念】

权力只能维系短暂的顺从与亲近,真正打动学生内心的是教师的人格和赞美的力量。天底下有许多紧闭的心门,但没有一扇门不能用真情沟通、不能用赞美叩开。也许学生不爱看你的衣着,不欣赏你的长相,但他们绝不会拒绝一颗诚挚的心、一份真心的赞美。

赞美是一门艺术,如果我们充分掌握了这门艺术,那么我们在教育中就可以释冰川为清流,化腐朽为神奇!

43. 论坛学习使我羽翼渐丰

温爱娟

12年前,我抱着一腔热情工作,但教学成绩很差,不到两个学期,学生便开始纷纷转出。浑浑噩噩做了一年,我再也提不起做班主任的劲儿了。

这种局面,一直维持到2007年底。

2008年初,在一次资料查找中,我误打误撞进入了"班主任之友"论坛。这一进入,彻底改变了我的教育人生。在论坛看了很多帖子后,我的思想开始发生了转变,对教学日益迷恋,对班主任工作也由反感到觉得不错再到申请尝试,又由尝试到产生了爱恋。从此,我把教育真正当成自己的一项事业!

恰好这年,学校换了一位新校长,校长也鼓励我们做学者型教师。有了论坛的精神滋养,我时时充满向上的冲劲!不断地研究教法、揣摩学生心思,教育教学水平在不断提高。我几次主动申请上校内研究课,当我上完研究课后,校长和老师都很惊讶,说和城里老师没什么两样了,并推荐我到区里参加课堂比赛和美文比赛。结果,我都荣获第一名,这让我增加了不少信心。

学习方式变了,生活和工作一下都顺了。这年7月,我又幸运地加入了郑学志老师的"班主任工作半月谈"团队。从此,每周一次研讨,每周一次作业,开始了我新的专业成长,工作、学习、反思、写作,成了我每天的习惯。

有一次我们讨论班规,我写了《让低年级班规活起来》一稿,早上发到论坛后就外出了。中午回来才知道郑老师联系了我半天,因为那篇文章被《班主任之友》杂志看上了,请我修改之后发给他。可我从没有真正写过文章,绞尽脑汁修改后还是上不了台面,只好又求助于郑老师。当时已是晚上11点多,一岁多的孩子哭闹,我无法静心。郑老师说:"别着急,慢慢来,我们等你!"千里之外的郑老师像关怀自己的妹妹一样,熬夜到凌晨1点多为我修改文章,字字斟酌,让我感动得眼泪直流。2008年12月,《让低年级班规活起来》在《班主任之友》上发表了,不会写文章的我有了飞翔的感觉。

渐渐地,我从班主任领域的一只"菜鸟",成长为地区班主任的骨干力量,并获得市优秀班主任称号。我们区的《钦州日报》专门报道了我的事迹。

2009年,郑学志老师又让我负责团队"班级自主教育课题实验"小学部的工作,这个平台把我推到了全国班主任同行面前。2010年8月,全国首届班级自主化教育管理论坛在河南济源召开,我作为自主化实验老师优秀代表第一个出场,在1500多人的关注下做了《顽主"塑身"变自主》的讲座,《班主任之友》杂志全文转发了我的讲稿,并把我作为该杂志2010年第12期的封面人物。

我作为一名身在广西边陲的教师,从此走上了全国班主任专业成长的舞台。

【我的教育理念】

在未来的日子里,我愿化作精灵鸟,在班主任专业论坛里吸收天地之灵气,将其化为智慧的甘露洒向我的孩子们!我愿意用最前沿的方式学习,做一个富有创新和实践意识的班主任。让孩子们因为遇到我们而幸运,让中国教育因为有了我们而充满活力。

第四辑 认真反思

◇ 他人的批评与质疑是极好的警示，能让我们意识到自身的不足与盲点；困难与打击是最好的老师，能让我们在失败与挫折中学习、提高。

◇ 我们不仅要用脚走路，还要常常用脑思考，在思考中改变，在改变中提高、成熟，因为思考、改变的过程就是一个吸收、消化、创新的过程。

◇ 在教书育人的过程中，我们要关注学生的处境和感受，关注学生的心理健康发展。不要把自己的意志强加给学生，给学生增加无谓的压力，甚至是无法承受的压力，最终毁了学生。

44. 悦纳质疑，战胜自己

万 玮

2011年10月的一个星期一的上午，我打开博客，看到李镇西老师的留言。他在自己的博客里发表了文章《班主任："兵法"用来对付谁?》，请我去读一读。

文章的第一段写道："看到这个标题，估计很多老师会想到《班主任兵法》一书及其作者万玮老师。是的，我这篇文章的确是因这本书有感而发的。"

说实话，无论什么人，遇到这样直截了当的批评与质疑，内心都会不快，我自然也不例外。不过，这种不快在读完整篇文章后便消失得无影无踪了。不仅仅因为这篇文章文笔流畅，摆事实讲道理，态度诚恳，立场理性客观，更因为这几年来，对于他人正确的批评与有益的质疑，我已经学会坦然面对，乃至欣然接受。于是，我在文章后面写下这样一段文字："一早看到李老师的留言，来到这里，读到这篇文章，深为赞同！《班主任兵法》写成近10年了，我越来越感觉到当年的狭隘与偏激。李老师在这篇文章中所强调的东西正是《班主任兵法》和我所欠缺的。随着年龄的增长，我越来越真切地意识到这一点。感谢李老师的提醒和批评！其实这些年我自己也在不断反省。我已经决定，以后再出版新书时，不用'兵法'做书名了。"

《班主任兵法》自2003年底出版以来，质疑和批评声就不绝于耳。对此，我的态度有三个阶段的转变。

第一个阶段：无所畏惧地与之辩论。每一次读到质疑文章，我都勇敢应战。当然，围观的网友很多，发表意见的也很多。当看到支持我的一线教师占多数时，我竟然还洋洋得意。

第二个阶段：不关注、不争论。这时候我已经意识到自己的浅薄与偏激，意识到《班主任兵法》的不足，因此，对于网友和读者的不同观点，不再参与讨论，最后逐渐离开了论坛。偶尔在其他地方读到一些尖锐的批评，也一笑而过。

第三个阶段：深刻反省。随着教龄的增加、人生阅历的积累，我突然发现以往那些对《班主任兵法》的批评是深刻的，而我的反驳是那样的可笑。我开始把对《班主任兵法》的批评文章转载到自己的博客中，以提醒自己不断反思。因此，当读到李镇西老师的批评观点时，我最终心悦诚服地接受了。

李镇西老师对我的留言给予肯定，他写道："万玮兄虚怀若谷，让我佩服！这就是大家风范。我们都在不断成长，这是一个没有止境的过程。握手！拥抱！"

孔子曾说：闻过则喜。按这个标准，我还需要太多的修炼。在成长的道路上，不会总有鼓励和赞扬，也充满了批评、质疑乃至谩骂、诋毁。悦纳它们，才是迈过了最难的那道坎儿。

【我的教育理念】

他人的批评与质疑是极好的警示，能让我们意识到自身的不足与盲点；困难与打击是最好的老师，能让我们在失败与挫折中学习、提高。说到底，我们一生最大的对手是自己，战胜自己才会发现，原来世界是多么的广阔。

45. 行有不得，反求诸己
——在反思中走向成长

郑 英

教育生命之河流到 2004 年，我参加了杭州市优质课的评比，赢得满堂喝彩，听者无不夸赞设计的精巧。其实，点子多、善于设计活动是我与生俱来的优势，我总能生发出灵感，让活动变得新颖有趣。最后，我毫无悬念地摘得桂冠。此后，我更是把注意力集中在自己的优势上。于是，课堂在我的"扬长"中走向了浮华。一次偶然的机会听了唐少华老师的课，他只用四张幻灯片，不枝不蔓，将起承转合和轻重缓急落在实处，极具节奏之美和张弛之美，就像水墨写意，看似简单的寥寥数笔，却是层次分明，韵味无穷。

我惊觉，我的优势恰恰成了我的障碍，犹如那位技艺高超的木匠，总能凭借自身的技艺巧妙修补好自家的门，几经修补，门上竟满是补丁，而他的邻居虽不懂木活，却拥有一扇样式新颖、质地优良的门。看来，优点是一笔财富，但它有时也像一扇门，关住了外面的风景，也关上了自己的心扉。

突破，从模仿起步，但最终是要学会自己走路并走自己的路。于是，我诚心请教唐老师，只要时间得空就赶到他的学校去听课。他感于我的诚心，将自己所有的课堂实录和课例设计拷给我，让我得以更自由地"临摹"。一段时间下来，我的课堂开始走向简约，有了更多的美感和质感。

渐渐地，我的心性高傲起来，自认为才情纵横，于是喜欢释放光彩。有一天，陪朋友去买灯具，我意外地发现，同款型的灯具倒是光亮的价格便宜，而柔和的反而昂贵。老板说，亮的灯具会抢了别的光，与别的光不太相容，这就是"贼光"。惊回首，曾几何时，我不也在散发这样的"贼光"吗？不含蓄、不隐藏、不柔和，轻狂张扬，夺人夺境。

"悟已往之不谏，知来者之可追"，我开始静静思寻自己的"迷途"和"昨非"：我曾在追求成功的路途上，努力给自己留空间，却鲜有给别人留余地；我在受伤时，不能善待自己，也不懂尊重他人的选择……它们犹如成长中的"暗礁"，隐没于水下，不易察觉，若不留心便会让人触礁。

无数教师成长的故事告诉我，躲避"暗礁"的最好办法便是阅读、写作、实践。于是，我开始潜心阅读。清晨，和着晨曦，我早早到校。在学生晨读时，我也在一旁静静看书，只觉得风景这边独好；我还购买一些小开本的读物，随身携带，可以充分利用各种边角料时间，只觉得书中的内容壮观无比、风月无边。如今，我的思维变得更敏锐，看到书中的内容，常常不自觉地与教育联系起来，或许这就是教育意识。有了这种意识，眼中所见无不是教育的资源，无不蕴藏育人的先机，师者也由此活在了教育之中。

【我的教育理念】

在我们的成长中，总会伴随一些失意，没有这些失意，我们的人生就不完整；总会遭遇一些挫折，没有这些挫折，我们就得不到教训，智慧也就无以成长了。犹如璀璨的繁星，因为有黑暗的夜空才有意义；更如河水，以其柔韧、性婉而从物，才有弯折的曲线美。于是，我们看到九曲十八弯，弯弯如练。所以，面对成长中的误区与挫折，我不再拒绝，而是努力培育一颗柔韧且富有弹性的心，"行有不得，反求诸己"。泰然面对人生中的许多飘零，看它们优雅地飘落，成为人生历程中的点缀。

46. 反思，助我成长

何永泽

做班主任最初的那几年，我常常被学生的劳动意识淡薄而困扰，更为该怎么处理学生不参加劳动的问题而忧心忡忡。所以，每当学生无故缺席劳动了，我一贯的处理办法便是：批评指正，罚扫一周。

这是小林第三次无故缺席扫地了。前两次，按照惯例，我对他进行了"常规"教育，但他仍然"无所作为"。我该怎么办呢？还是"老规矩"吗？我犯难了。

正当举棋不定的时候，我很幸运地阅读了李镇西老师的一篇文章《劳动最光荣》。感动之余，我陷入深深的思索中：学生的劳动素养是怎么丧失的呢？怎样才能让学生自觉参加劳动呢？我该采取怎样的教育方法呢？

我认为除了家庭教育和社会认知的错误等原因外，学校很多老师的教育错位也不容忽视。想想也是，学生迟到了，罚扫；旷课了，罚扫；扫除无故缺席了，更要罚扫……除了批评教育外，又有多少老师放弃让学生罚扫这一招呢？甚至有的还美其名曰"劳动改造"。本来最光荣的劳动，在很多学生的心里已经严重扭曲，他们不再认为劳动是光荣的，所以他们不愿意参加劳动。

想到这里，我有招了。晚自习时，我说："这次是小林第三次无故缺席扫除了，既然小林不愿意参加劳动，那我就'成全'他，从今往后，取消小林的劳动资格，不再安排他参加任何劳动了。"

"啊？"全班同学一下子蒙了。"不会吧？""居然还可以不扫地？"……此时的小林更是如释重负般"轻松"，心想不扫地多好啊，这下可幸福了。

我的办法真能奏效吗？一周很快过去了，小林沮丧地来到我的办公室对我说："老师，我认识到自己的错误了，安排我参加劳动好吗？"我问他为何，他说："我被取消了劳动资格后，刚开始还暗自庆幸，以为自己因祸得福了。可是，好景不长，很快我看见其他同学高兴地打扫卫生，干最光荣的事情，我却不可以。我就像脱线的风筝'自由飞翔'，我是那么的孤单寂寞。"

我立即召开班会，让小林谈了被取消劳动资格后的感受，并在他的请求下恢复了他的"资格"。从此，全班同学包括小林在内再也没有无故缺席劳动的了，因为大家已真正懂得了：劳动最光荣。

我不禁自问：为何这一招会灵验呢？答案很简单，只有真正潜入学生内心深处的教育才是真教育。想当初，如果我不停下来反思自己的方法问题，只是千篇一律地采用"老办法"，能够教育小林于无形吗？

著名教育家波斯纳认为"经验加反思等于成长"。可见，反思在班主任专业成长中具有巨大作用。

【我的教育理念】

教育是艺术，而不是技术。不同的教育理念和教育方式，会产生迥然不同的教育效果，这就使得教师在教学过程中要学会反思。

47. 在茫然中寻找阳光

朱一花

"一花，我有件事情想跟你说一声。"夜里 10 点，手机里传来的清脆的铃声划破了心头的沉寂，是政教处主任。"我想，我已经知道你要跟我说什么了。"我悠悠地说。"我想，应该是我的班主任工作做得很不好吧？"我平静地说。可是，我的内心却仿佛有一阵狂澜在涌动。我好害怕自己的话会被应验。可是，我又不得不面对现实——就在下午，当我路过会议室门口时，校领导高声念读的分数那么刺耳：赵喜燕 4 分，吴桂燕 4 分，朱一花 3 分……那个"3 分"就如一记重锤，狠狠地敲打在我的心上。我不敢在门口逗留半秒，逃也似的离开了。

全校 53 位班主任，有 6 位班主任的分数未达到学校所规定的 B 等分值，落到了 C 档，我便是那 6 个中的一员。我从来都不觉得自己是一个聪慧的女子，相反，我感觉自己处处不如别人。但我有追求，骨子里有一种不愿服输的冲劲。我不愿与别人相比，但会与自己赛跑。

我从来没有放弃过追求。我曾经努力拨开云雾，去寻找那缕阳光——在偏远山区从教三年之后，因为腿骨骨折请假半年，休完假后进入镇中心小学。在温州教师教育院孙有福老师的引领下，我进入"教育在线"，并有幸成为张万祥老师的首批网络弟子。那段岁月，读书、上网、写作，成为我成长的方程式。我享受着发表文章的喜悦，享受着在张老师的教导下耐心转变孩子的那份成功。是啊，一路上，有人相伴，有人扶持，就如你的背后有一座厚实的山，不管道路上有多少荆棘，当你转身时，总会有一双温暖的目光，在鼓励着你，在帮扶着你。这是一种怎样的幸福！

前行路上,不知道会不会有人与我有过同样的感觉:当你进入一个全新的环境,面对全新的家长时,生怕走错一步路,生怕说错一句话,生怕得罪家长,生怕……于是,如履薄冰,如临战场,我退缩了,我怯懦了。

我曾经得意地说要做一个"懒班主任",可我在全新的环境中,却成了一个事必躬亲的"保姆"。然而,孩子们并不买账,我却把自己累成了秋日里快要凋零的花。我仿佛听到了秋叶簌簌往下落的凄然,仿佛看到了自己零落成泥,却依然无法温润那一方幼苗。

我需要华丽转身。为了摆脱"C档"的阴影,我把"C档"的悲惨事实告诉孩子们,和他们一起找问题,寻对策,抓落实,推心置腹地聊了很多。没有想到,这些看似温室里的花朵,却给了我偌大的惊喜:给他们阳光,怎么会没有灿烂的方向?

对于班主任工作感到茫然时,需要有寻找阳光的勇气。那份勇气,有一半是坚持,有一半是探索。如今,我依然会在深夜里点一盏心灯,去思考前方的路。

【我的教育理念】

班主任工作不可能一帆风顺,但是我们要有在茫然中寻找阳光的勇气。学生是我们最值得信赖的朋友,或许,在暗黑中,当你抛却为"师"的尊严与学生为"友"时,他们会送给你一个灿烂的晴天。

48. 阴霾过后是晴天

李 波

俗话说"家丑不可外扬",可咱们做班主任的不亮亮家丑,又怎能痛定思痛,反思自我,一步步走向成功呢?

1993年,我带的首届班级中有两名学生因打架后果严重被学校除名。当时我居然还暗地里高兴——这下可好了,工作压力减轻了。

1996年,我带的第二届学生班内又有两名学生因早恋影响极坏被学校除名。那个女孩子在被家人领走时突然哭着回身朝着我深鞠一躬:"老班,对不起。"这时,我才懂得其实受伤害最大的是她。

1999年,我带的第三届学生班内又有一名女生因盗窃被学校勒令退学。同事们开始用异样的眼光看我:"李老师,你怎么成了开除学生专业户?"刹那间,我顿感无地自容。

我不得不对自己进行深刻的反思:反思自己年少气盛、盲目自大,从没有主动向老教师取经,结果遇事后鲁莽行事,铸成大错;反思自己工作方法粗放,早就有学生反映那俩学生亲密过度,我却置若罔闻,误以为是小孩子过家家而已;反思自己观察不细致,对那位特别讲究穿戴、好吃零嘴的"偷盗女生"没有引起足够重视;反思自己虑事不周,没有考虑学生被开除后对其一生的伤害有多大。他们的辍学与我的轻率幼稚密不可分——我没有好好履行做班主任的职责,我不是合格的班主任。

好在我还年轻,从哪里跌倒就从哪里爬起来。在热心的领导和同事们的帮助下,我学会了谦虚谨慎,学会了学习和借鉴,学会了谈心和交流,学会了拼搏和奉献。我暗暗发誓:从今往后,只要我还做班主任,就不能让一个孩子因违纪被开除。说到不如做到，我潜心研究教育管理，给教过的每个学生准备了个人成长档案。他们的个人爱好、性格脾性、优缺点，我都了然于胸；他们的一举一动，我都心中有数。基本做到了把问题消灭在萌芽之中，初步具备了应付突发事件的素养和能力。

学生成长中的波动恰好成了督促我迈向成功的动力。从2000年开始到现在，我又送走了7届学生，再没有出现学生被开除的情况。自己多次被评为市、县优秀班主任，多次指导新手做好班主任工作，在《班主任》等杂志上发表教育类文章。我已经进入了我从教生涯的成熟期。

至今，我不敢松懈，我忘不了那些受处分被除名的学生临走时幽怨、留恋、无助、伤心的眼神，那是我永远的伤痛。好在"渡尽劫波兄弟在"，每次学生聚会，这些学生都会参加，我总是不等他们过来敬酒就主动向前表达心意，我觉得只有这样才算是对我良心的一点安慰。

在现在的工作中，每当有更年轻的班主任在为如何开除班里的"调皮蛋"而绞尽脑汁、费尽思量时，我总是及时上前，苦口婆心，向他们讲述我的悔恨和忏悔，讲述这样做的危害和错误。我要让他们明白：只要还有机会，我们就一个都不能放弃。

【我的教育理念】

古人云"一将功成万骨枯"，教育却不可以这样，没有任何理由让学生做我们的牺牲品。面对一个个有血肉灵性的学生，我们必须潜心教育、静心思过、爱心奉献、热心帮助。唯有如此，我们才能尽量减少因各种失误而造成的教育损失，也才能无愧于做教师的神圣使命，努力做到"一个都不能少"。

49. 在思考中成长

贾兆俊

蓝色——海阔天空

当年，我怀着年轻的梦想与青春的激情，走上了讲台，一心要做一名优秀的班主任。可是三个月之后，我就发现，心中的美好蓝图在现实面前变得支离破碎。要想在蔚蓝的天空中飞翔或是在深蓝的大海中遨游，我还欠缺许多。

蛹——破茧的痛苦

当浪漫主义很快变成现实主义时，我把自己紧紧包裹起来，不想让人看到我内心的软弱，成了一只"蛹"。变化总是漫长的，等待更是难熬，我在黑暗中摸索。四周的"茧"无疑给了我安全感，但是我知道，要有所发展，有所成就，必须超越自我，突破束缚。

我不懈地努力，不断地学习。同时，不少同事也给予我无私的帮助。我发现，我内心充实了，信心坚定了，能力提升了，原来可气的学生也变得可爱了。我笑了。

金色——世界很美

当我以欣赏的眼光看待世界时，世界就洒满了金色的阳光。其实，世界没有变，变的只是我自己，是我的心态而已。我试着张开翅膀，学会了接纳：高山的巍峨，蓝天的寥廓，海洋的宽广，大地的广博……我试着飞翔，学会了欣赏：春的妩媚，夏的火热，秋的成熟，冬的深刻。我携着日光月华，伴着山清水秀，怀着不变的梦想，走进桃李，飞进一扇扇闭锁的心门，开启一段段我们共同的缘分。

蝴蝶——自由飞翔

经历过以后我才发现,上帝对每个人都是公平的,没有必要抱怨。蚕有软弱的躯体,却有坚韧的毅力;蛹有自缚的悲哀,却有破茧的勇气;蛾有渺小的身躯,却有飞翔的能力。当我享受飞翔的轻盈时,背后依然隐隐作痛。转过头惊奇地看到,我拥有了一双金色的翅膀。我可以自由地飞翔,欣赏万紫千红的花色,领略沁人心脾的花香。我醉了。

原来,我一直在成长。只有亲近世界,才会欣赏世界,才会认识世界,才会改造世界。

当我们冷眼旁观时,生命是一只灰色的蚕抑或是一只蛹;当我们热情相拥时,生命便是一只金色的蝴蝶。破茧而出的过程,也是思想发展的过程,感情变化的过程,更是我们成长的过程。

用欣赏的眼光看世界,以宽广的胸怀包容学生,你就会发现,世界如此美丽,学生如此美丽,我们也因此而美丽!

【我的教育理念】

教育是一个过程,也是一个教学相长的过程。冷静地面对现实,积极地思考,热情地对待每一个学生。教育具有长期性与复杂性,正因为如此,我们教师才有存在的必要。因此,不必抱怨,要学会改变,学会适应。教师必须坚定目标,树立信心,不断学习,提高能力,升华境界,只有这样才会在工作中游刃有余。

点一盏心灯,为了每一个懵懂的心灵。心与心的相逢,瞬间也是永恒!

50. 做心灵的医师

周枫琳

2011年寒假伊始，我突然接到学校通知，要我寒假后从初一转到初三去教课。我要接手的班是全校有名的让人"头大"的班级，我将是这个班的第四任语文老师。上一任语文老师是一个年轻的小姑娘，教这个班半年后，因为看不到任何希望，居然愤然地选择了辞职。我的那个"年"过得很纠结：三个月，中考过后，我能让那群孩子在他们青春的驿站里收获点什么呢？

开学在即，迷惘中我给从未见过面的张万祥老师发了封电子邮件，张老师很快给我回信："这个让别人头疼的班，对你就是考验，不要畏惧。要把管理好这个班作为宣言，作为声明。别人带不好的班级，你要带好！要创造教育的奇迹！你有这样的水平，有这样的能力！！就把这作为你的科研课题好了！！"

开学第一天，尽管我准备好了许多个开场白，但一登上讲台才知道，一个寒假的精心准备都只是自己的设想。你来硬的吗？谁怕！你来软的吗？少来这一套。教室里比自由市场还自由，站在讲台上，我大声地喊，用尽全力地喊，歇斯底里地喊，可前排的学生都听不到我在说什么。

无路可走的我，真想和这帮孩子一起破罐破摔，哪里还有心情搞课题研究？

一周后，我到厦门开会。凌晨5点，我坐上了从新乡到新郑机场的大巴车，天黑沉沉的，一个多小时的路，走得我手脚冰冷。

8点，飞机从新郑机场起飞。10分钟后，一道刺眼的阳光把我的视线引到机窗外。蓝天之下，海浪般浓烈的白云绽放着孩子般的笑靥，阳光洒在上面，鲜亮鲜亮的。

10分钟前,我生活在阴霾中;现在,我生活在阳光下。换一个"框",这个世界真美。

突然想到张万祥老师给我推荐的一大批书里,有一本《重塑心灵 NLP——一门使人成功快乐的学问》,我开始尝试着用里面的技巧,为自己的心灵"换框"。

那一刻,我知道我缺失的是什么了。

当班主任近20年,虽也读了不少书籍,也累积了许多成功的个案,但是曾经收获的许多幸福,更多的是靠热情和体力换来的。我的读书缺少高度和深度,我的教育教学实践多停留在经验和感觉上。

三天后,我重新站到那个令人头痛的讲台上,信心满满的。

那三个月,我一方面拼命地读心理学方面的书籍,一方面尝试着用心理学理论的专业知识有意识地开始我新的课题研究。穿越过去,找寻那群"小魔头"成长的轨迹;穿越未来,期待他们心灵的回归。中考结束时,我给自己交了一份比较满意的答卷。

做心灵的医师,我给自己的专业成长确定了一个新的方向。

【我的教育理念】

医院里,一个医生对病人满腔热情,他把每一个病人当自己的亲人看,但是他却弄不清楚人的心长在哪里、肺是什么样。而另一位医生,工作是工作,生活是生活,他能一眼看出你是哪里不舒服。假如你是病人,你乐意让谁给你看病呢?我想一个正常的人,即使受点冷眼,也愿意选择第二位医生,因为他懂医术。

同样,作为心灵的医师,我们在拼"热情"和"体力"的时候,更需要不断提高自己的技术。

51. "三偷"照亮专业成长的道路

宋 蕾

2010年秋,我有幸成为班主任大家庭中的一员,是"三偷"照亮了我专业成长的道路。

"偷 听"

初当班主任,终日忙于班级日常事务的处理,因缺乏经验,班级陷入困境,常常是摁倒葫芦瓢起来。我充当了"消防队长",带领着其他教师东边起火扑东边,西边起火扑西边,身心疲惫。为改变这种被动局面,我暗下决心"偷听"优秀班主任的班会:每逢周一下午第4节主题班会课,我一定拿着本子和笔,尾随着一名优秀班主任到教室外,尽量不让人发现。我是有自尊心的,生怕别人知道我在"偷听"揶揄我。站在教室外,我认真聆听优秀班主任的班会,并用笔记录下主题班会的内容。"偷听"之后,我再根据我班的实际情况召开班会,取其精华为我所用,虽然每次班会都比别的班晚一些,但都达到了事半功倍的效果。

"偷 看"

刚刚用幼嫩的肩膀扛起班级管理大旗的我,很希望在班级管理上迎来明媚的春天,但却羞于启齿向优秀班主任借阅班级备课笔记本,这就让我萌生"偷看"的想法。我经常早来晚走,"偷看"身边优秀班主任班级工作笔记和主题班会设计等。优秀班主任用心血和智慧在班主任这片沃土上谱写了动人的诗篇,他们在平凡的岗位上沉淀了班级管理的宝贵财富。

我放弃了无数个周六、日双休的日子,"偷看"优秀班主任的班级备课笔记,用心记录下班级管理的点点滴滴,用心设计出每一节精彩的班会，用心规划出班级发展的目标，用心为每一个学生写真实评语，用心为每一期板报出谋划策……有时我还"偷看"优秀班主任订阅的报刊，如《班主任之友》、《班主任》、《德育报》等。这种取经的方法虽不光彩，却让我在班主任专业成长的道路上迈出了坚实的一步。

"偷　学"

工作不久，在一位老班主任的指导下我走进了"教育在线"论坛、"班主任之友"论坛和"K12"教育网。这些网站聚集了一批较为活跃的教育实践者和研究者。作为一名"游客"，我经常往返于三家论坛观光游览，开始忙于"偷学"别人的宝贵经验，品尝别人精神家园的累累硕果，如张万祥老师的、李镇西老师的、郑学志老师的……我把这些大家的宝贵经验下载下来并打印装订成册，有的可以直接用于班级管理中，有的需要进行微调。各位大家的班级管理经验像一剂特效药，帮助我开创了班级管理的新局面：班风正了，学风浓了，受到了校领导和家长的高度认可。

在班主任专业成长的道路上，我只迈出了第一步，今后的路还很长，我一定要坚定地走下去。

【我的教育理念】

刚刚踏上工作岗位的班主任，一定要勤奋好学，学会"取经"，可以从优秀班主任那里获取，也可以从网络、书籍中获取，避免走弯路。

52. 践行·勤思·改变

贾 文

由"朋友"变成"暴君"

1998年，满身"学生气"的我，担当起了60多个孩子的班主任。面对小我六七岁的学生，从内心并没有把自己当成他们的老师，而是看成他们的朋友；他们也乐意和我说心里话，把我当成知心朋友。可这样做的结果是，我对班级、学校纪律的执行不力以及学生的各行其是。在几次综合评比中，班级成绩都是倒数。这无疑给了我当头一棒，使我不得不反思自己：我是他们的老师，是他们的班主任，是他们成长的引领者，不是他们的伙伴，更不是他们的玩友，老师就要有"老师的样子"。

于是我狠下心来，板起面孔，对违纪学生毫不留情、"杀一儆百"……许多学生对我投来惊异的目光：老师这是怎么了，怎么成了一个不近人情的"暴君"？我真正成了一个孤家寡人。

模仿名师，顾此失彼

正当我管理班级陷入迷茫、彷徨之际，一批教育管理专著进入我的视野。我如痴如醉地挑灯夜读：我了解到了魏书生老师的精细化管理、李镇西老师的民主治班、张万祥老师的教育智慧……

我把魏老师的精细化管理运用到班级事务中去。本着"事事有人做、人人有事做"的原则，我把班级事务粗略地分了类，然后把每一项事务都具体到了每一个人，以为这样就万事大吉了。谁知负责卫生的同学乱扔垃圾、随地吐痰，负责纪律的同学总是迟到，负责收发作业的学生总不能按时完成作业……结果班级一片混乱。

我又学习李镇西老师的民主治班，给学生充分的民主。让学生选出对班级有威信、能负责的班干部，给每个学生选举权和被选举权。结果，用了两节课选举出的班干部，有的是成绩较好，但性格内向、不善言辞，一说话就脸红，不敢公开说话；有的性格较为活泼，可没有责任心……在对一些具体事务的决策中，学生的热情很高，讨论得轰轰烈烈，但往往是"表"而未"决"，陷入长时间的争辩中，浪费了许多宝贵的学习时间。

思考和成长

魏老师的精细化管理和李老师的民主治班本身并没有错，错就错在自己把学习等同于模仿，把借鉴名师经验肤浅地理解为照搬他们的"套路"，致使自己的班级管理工作屡屡碰壁。

经过"碰"、"撞"，我进行了更多的思考，使自己逐渐清醒和成熟：亲近、尊重学生，不是迎合、盲从学生，放手让学生做学习的主人，而不是撒手不管……在思索中，我写下了近40万字的读书笔记和工作反思，写出了100多篇班级日志，有些被《班主任之友》和中国教师研修网采用、转载。面对调皮捣蛋的学生和班级突发事件，我不再是勃然大怒或束手无策，因为思考让我有了应对之策和心理准备，处理起来也更加从容、冷静和客观。

【我的教育理念】

在教育实践中，闭门造车、埋头蛮干，以及盲目崇拜、机械照搬别人的模式都是不可取的。我们不仅要用脚走路，还要常常用脑思考，在思考中改变，在改变中提高、成熟，因为思考、改变的过程就是一个吸收、消化、创新的过程。

53. 从立足点深挖下去，必有清泉涌出

纪继兰

"我如此努力，为什么成功的总不是我？"看到身边的同事一个个成长为县级、市级骨干，红红的荣誉证书拿了一本又一本，我却依旧黯然失色。坐在师傅的办公室里，我一脸委屈和无奈。

"小纪啊，这些年你虽然也很努力，在各方面崭露头角，可是一个人的精力毕竟有限，贪多嚼不烂啊。"师傅一语点中我的软肋。回想这几年走过的路，我何尝不是如师傅所说：我总以为自己是个多面手，哪里都想插上一杠子，哪一块都想涉足一下，似乎少了我地球就不转了。工会举行师德演讲比赛，我参加；团委召开妇代会，献词的活我包了；身为班主任的我，还对全市辅导员开了主题队会观摩课……我几乎每天都像陀螺一样忙得团团转，我似乎很有能耐，过得也很充实。我身边的同行却没有一个像我这样上蹿下跳、心猿意马的。转眼几年过去了，他们中有的专注于课堂，成长为省市教坛新星；有的醉心于教研，在省级、国家级刊物发表了好几篇论文；有的扎根于课题研究，获得省级大奖……我除了收获一时的虚荣心，囊中竟一无所有。

"你是处处打井却又浅尝辄止，怎能掘得清甜的泉水？你看那些成功的同行，哪一个不是找准了自己的立足点呢？"一语点醒梦中人，有舍才能有所得。从此我谨记恩师的教诲，立足于语文课堂，潜心于班主任管理的研究，摒弃一切无关的繁琐事务。经过滤洗的心渐渐沉淀下来，我反而拥有了更多闲暇的时间。我把张万祥老师在武汉班主任专业化培训上劝诫一线班主任的"在喧哗中潜心研究，在浮躁中沉静思考"当做自己的座右铭，从2008年开始在"班主任之友"论坛上开辟班级教育叙事专帖，2009年跟随全国知名班主任郑学志老师开展自主教育课题实验，

每周一在班主任专业化研讨群里"七点半话自主,不见不散"。我与论坛里的众多优秀网友一同研讨,一同提升。

短短三年,我的班级叙事专题帖被加为精华,点击率突破40万;我成为自主教育课题实验组骨干成员,被评为实验之星;在《中国教育报》、《班主任之友》、《教育文汇》等全国权威报刊发表文章几十篇;我还被评为县优秀班主任、市级学科带头人。如今,红红的荣誉证书已塞满一大抽屉,这可是我几年前做梦也没有想到的。

荣誉只代表过去,现如今我所做的一切已不单纯是为了获取什么。读书、写作、反思已成为我生命中不可或缺的一部分,它们充盈我的生命,点亮我的人生。2012年,我将自己清空归零,更是感到一种前所未有的轻松与澄净。"而今迈步从头越",新的起点,新的希望!

 【我的教育理念】

年轻人往往以为自己精力充沛,便错误地认为能者多劳。其实这是步入了一个盲区。一个人的精力毕竟有限,怎可强求样样领先?有舍才能有所得,与其面上开花,不如点上深化,我们只要立足根本,做好做足一两个点就够了。从立足点深挖下去,方能掘得汩汩清泉。

54. 我顿悟，故我在

张含光

当班主任的第三年，我终于迎来了第一次教育学生的顿悟。

我班学生大部分都是我一手带到高三的。高一时，我借鉴了老班主任的管理经验，并且用无须商量的"民主"建立了班级管理制度及奖惩措施，把班级建成了法院式的集体。班级成员犯错必然要按照班级规则进行惩罚，促其改正。这样使得"人人自危"，不敢踩班级规则的红线，班风也就理所当然的好。因此，在学习、纪律、卫生等方面，我班在普通班独占鳌头。

但是上高二后，尤其是高二后半学期，班级秩序大幅度下滑。根据年级组的反馈，我班学生在下午自习、晚自习时均有吵闹不学习的情况，且吵声比较大，影响了其他班级的学习秩序。这真是火烧眉毛啊！我向科任老师问询学生情况，他们说，学生上课有睡觉、聊天、玩手机等不良行为。这让我愤怒不已，真想把那些捣蛋鬼"灭"了。

坐在办公桌前，冥思整顿班级秩序的锦囊妙计。惩罚不可谓不重，批评不可谓不严。可那些经常不遵守纪律的学生，受罚多次之后还会卷土重来，真有些"刀枪不入"！

思忖半晌无计可出。正在这时，我的手机响了，一看号码是年级主任吴森茂老师打来的。吴主任沉稳地说："你下来一下，有件事情想和你说说。"

挂断电话，我忐忑不安地奔向了他的办公室。待我坐定，他说："最近班上秩序有些混乱，尤其是下午自习、晚自习期间，影响了其他班的学习。你一定要想办法转变班风。"他顿了顿，继续说："你们班的学生，老师在时安静勤学；老师一不在，谁都想上下跳蹿，各种问题也会浮出水面。你跟班虽然很勤，但我觉得你忽视了学生学习和行为习惯的培养。你就像一个消防员，把自己跑得累死，也灭不了火！"

听完吴主任的话，我恍然大悟。高一时班级秩序好，是因为学生对新环境的忌惮及班级惩罚制度的威慑力。我满足于此，却忽视了对学生行为习惯的持久培养。当学生对环境熟悉后，潜伏的恶习也就蠢蠢欲动，也就开始不安分了。

顿悟的瞬间，解决问题的切入点也显现了。我意识到学习习惯、行为习惯培养的重要性，触动学生的灵魂，然后让其外化为行动，从而构建良好的班级秩序。为此，我精心设计了以"习惯"为主题的班会，规范了学生行为习惯、学习习惯，优化了班风，班级又开始在良好的秩序下奋进了。

在这里我要说，顿悟真好，它像一把剑划破了我思维的黑幕，让我看见了智慧的光芒，看清了脚下的路。

【我的教育理念】

作为班主任，我们都会经历"照猫画虎"的模仿时期、阅读教育专著的探索突围阶段、自创的治班之法妙手"当政"的盛世。但是，其间如果不经历顿悟式的飞跃，那么在自己的管理措施短期见效的过程中，就会埋下反弹的种子、潜伏的隐患以及治标不治本的瘟疫。因此，顿悟故我在，顿悟故我新，顿悟故我成。

55. 不再制造"悲剧"

甘小琴

当我哆哆嗦嗦地查出每次模拟考试都不低于 630 分的利明的高考成绩只有 480 分（竟然离二本线还差 20 分）时，我的眼泪止不住地流淌下来，许多往事一起涌上心头。

我清楚地记得利明在一模考了 635 分，是全年级第一名，比第二名高出 70 多分。因为我校生源很差，能考上重点大学的学生很少，利明理所当然地成了我校的"希望之星"。于是，学校下了特别指令——培优，尽最大力量把利明的英语成绩往上拔。他除了英语（一模才 68 分），其他各科成绩很均匀，都在 120 分以上。所以，培养目标是：争取理科状元，理综最差也要争取考全县单科第一名。

于是，利明成了各位老师关注的焦点，所有科任老师便不顾一切地开始打造这个寄托了我校众多希望的可能成为县理科状元的苗子。我更是倍感压力，为了给他补习英语，我使出浑身解数，为他量身定做了详细的补课计划。

皇天不负苦心人，在我精心而又强势的辅导下，利明的英语成绩逐渐提高，四模时，英语成绩已经上 100 分了，五模 112 分，六模竟然达到了 122 分，而他的总分也日渐辉煌，六模总分竟然达到了 668 分。我和各位科任老师都欣喜若狂，甚至开玩笑说："全校考不好都没有关系，只要他能把县理科状元夺回来就行。"还有一位老师在去另一所重点中学给他儿子开家长会时，甚至骄傲地对他们领导说："恐怕你们学校的理科状元今年又没有戏了。"（说他们又没有戏了，是因为去年我们班一位学生奇迹般地成为了县理科状元）

于是，利明成了老师和家长谈论的热门话题。每一次统考，那所重点中学都要打听利明的成绩,当然利明也是胜多负少。我校高一、高二重点班和示范班都邀请利明去传经送宝。

他的理综成绩在六模时上了290分,数学几乎每次都接近满分,英语又在短短的三个多月的时间里由60多分提高到120分,这一切都是奇迹。

全校师生都在等待着奇迹的诞生。哪知奇迹最终没有诞生,"悲剧"却降临了!

伤心总是难免的,但更让我痛心的是人情世故:先前大唱赞歌的许多老师和学生居然骂他是"水货"、"骗子",甚至还别有用心地说每次考试他都预先知道试题。

考试以后,他没有与我见面,我无法知道造成那个结果的原因,但是我在他的博客里发现了一句话:"真累,现在终于可以歇歇了,让他们去嘲笑吧!"

是啊,真累!所有的科目都给他加码,所有的师生都聚焦在他的身上,所有的希望都想让他来实现。可是,我们问过他能承受那么大的压力吗?他有义务承受那么大的压力吗?

我仿佛觉得利明就像艰难地行走在沙漠中不堪重负的骆驼,最终倒在离绿洲只有几步之遥的地方。

现在,一想起利明的遭遇,我就自责不已。我告诫自己:以后绝不再让利明的"悲剧"重演。

【我的教育理念】

教育不能太有功利性。如果教育太具功利性,我们就有可能把学生当做"知识的容器",仅仅关注考试成绩,对考试学科外的知识和技能淡漠,对于态度、情感、心理、价值观很少甚至不予理会。在教书育人的过程中,我们要关注学生的处境和感受,关注学生的心理健康发展。不要把自己的意志强加给学生,给学生增加无谓的压力,甚至是无法承受的压力,最终毁了学生。

56. "点"石成金

黄长贵

教师不应单单"传知识",还要学会"有思想"。刚做班主任时,不犯错不是优点,知错不改则是缺点。有鉴于此,我决定在专业成长路上走出自己的风格,留下自己的脚印。

多读书,让自己的智慧"多一点"。"书籍是人类进步的阶梯",读专业书籍,看名家论述,如《论语》、《三字经》、《给年轻教师的建议》、《教育心理学》、《做最好的班主任》等。渐渐地,我发现自己走进了书海,畅游之感觉实在是美妙绝伦。不仅视野开阔,思路敏捷,而且在班级管理工作中也常会有"柳暗花明又一村"、"船到桥头自然直"之美感。

"黄老师,我买了你的教育散文集《回味》,很喜欢。谢谢老师的智慧,我现在也想学习做一名优秀班主任。今后请多指教。"一个网友如是说。我倒有些羞涩,因为我仅仅是个"教育爱好者",并没有成功。其实,读书改变了我才是真的!

多思考,让自己的机智"新一点"。人们常说:"一流教师,关爱学生;二流教师,教育学生;三流教师,打骂学生。"我接手的班级多数是"代管班"(差班),因为我带过几届,有了一些成绩,校长就要我多担待。给"差生"(学习差、纪律差的"双差生")当班主任,这成了锻炼自己的最好机会。成长中的班主任,少不了这种锻炼。管教是要的,然而机智更重要。勤观察,多思考,教室、寝室、操场、食堂等都是很好的观察点。用心思考,找出办法,然后对症下药,及时处理。

多写作,让自己的影响"大一点"。班主任的工作是辛苦的,"眼睛一睁,忙到熄灯",大事小事,"一切为了孩子,为了一切孩子,为了孩子一切"。单靠几次班会、几句教导、几个典型,是教不好学生的,尤其是对"双差生"。我采取过很多办法,很多时候都是"石头过水——打水漂"!经过一段时间后,我发挥自己的优势,开始写教育日记。每日一记,可以记人记事,或叙或议。每天的写作时间一般是在夜晚,我规定自己每天写下6000字。《语文报》、《班主任》、《班主任之友》、《初中生之友》、《演讲与口才》、《读者》、《意林》、《中学生博览》、《青少年日记》等杂志上出现了我的名字,学生羡慕不已。

我没有什么大本领,只要求自己认真做下去。学生不是石头,是有感情的活生生的人,他们会在教师的影响下,悄悄发生变化。不知不觉,一个成长着的好老师身边,就可能站着一个个"心目中"的好学生。

【我的教育理念】

没有不成才的学生,只有不成功的老师。要想成就自己的班主任事业,就要学点、想点、写点,做到不停留在口头,不痛苦在心头,不放弃在手头。扎扎实实,认认真真,把班主任工作当"饭"吃。

57. 那些年，我们一起追过的梦

陈文华

回　忆

新年，与一个往届学生见面，一杯香茗，他开始了话题："陈老师，您知道吗？我们大家都很想您。昨天我在群里一发消息，他们都想来。我是班长，应当打前锋。这么多年了，我们最崇拜的老师就是您。"他就是当年和我顶嘴的那个男生，顺着他的话，我的思绪回到了12年前。那时，刚刚以优异的成绩送走了我的第一届毕业生。他们成绩优秀，班级连年被评为三好班集体，我也因为"治班有方"被评为区级优秀班主任。

那年，即将开学，校长找我谈心，打算让我接手一个全校有名的初二年级"差班"。我的心咯噔一下：对于这个班我一点好感都没有。无论是纪律、学习还是集体活动，这个班都是全校倒数第一。学校每有"惊天大案"，"作案者"十有八九就是这个班的"高人"，前任班主任就是这样被他们气病的。听了领导的话，我很低沉，心想："凭什么让我接这样一个班?!"虽然心里不悦，但最终还是把工作应了下来。

首　战

第一天进班，我真是硬着头皮，一进门看着班里松散的样子，顿时发起火来："你们不知道已经上课了吗？卫生怎么还没人做？黑板……唉，接你们班真是倒霉，我的班比你们班可强多了。"

"老师，你是我们的新班主任吗？"顺着声音，一个男生站了起来。

"我是你们的新班主任，你问这干吗？"

"你要是那么想你自己的班，你就回去，我们不欢迎你。"

"我正想不干了!"我气冲冲地走出了教室。

反 思

回到办公室,我静心反思:自己工作的出发点太过功利,由于过去3年取得了一些成绩,自己沉湎于过去,没有面对新的现实,失去了对学生的耐心与爱心,忘记了自己的工作成绩的取得在于勤奋与付出。

逐 梦

整理思路,我重新投入了工作,第一件事就是精心准备了《我爱我班》主题班会,设计了让同学讨论的话题——良好集体与个人成长的关系、我与集体等等。只记得当时很多学生都踊跃发言,为班集体建设提建议,效果真的很好。从那次班会后,我发现学生开始变得懂事了,而我的口头禅也变成了"我们班"。

在接下来的两年中,我一如既往地勤奋,坚持每学期家访一次,每学期和班级同学谈心至少一次,耐心地期待每一个学生的成长。

"陈老师,要是没有您当时对我们细心的教育,咱们班可能就完了。"他的话把我从回忆中唤回。是啊,每一个教师都有自己的职业梦想,学生是这个梦想的成就者;学生都有自己的梦想,而教师同样是梦想的成就者。我们在逐梦中共同成长。

【**我的教育理念**】

和学生一起为理想而努力的日子才是做教师最幸福的日子,和学生在一起才使我们发现教育的本真。教育需要方法与技巧,但凌驾于这一切之上的是对学生的爱。我们不能选择学生,但我们能改变学生。只要我们真心地爱学生,一切为了学生,学生是可以感受到我们的诚意的。教育需要慢工夫,我们的努力一定会在未来的日子里结出丰硕的果实。

第五辑 智慧成长

◇ 班级管理，方法万千，但必须有一个"抓手"。有了一个合适的"抓手"，班级管理自会事半功倍，班主任专业成长自会水到渠成。

◇ 善于聆听别人的意见、采纳别人的意见，既是一种智慧也是一种能力。一个人再厉害，能力也是有限的，众人的智慧才是走向成功的助推器。

◇ 优秀教师都是有故事的，他们不仅用行动，还用文字去书写自己的教育故事，让读者的心灵在震撼中走向纯净，抵近教育和专业成长的内核。

58. 专业共同体，让生命有着阳光的味道

覃丽兰

曾几何时，我的生命字典里多了平淡单调、毫无激情这类词语。有人为生计奔波，有人在牌场厮杀，有人漫步商场，这些都不是我想要的生活。仰望苍天，却找不到属于自己的生命阳光。

我的生命阳光到底在哪里？我不停地质问自己，苦苦寻求生命中的阳光。

一次偶然的机会，我加入了自主教育课题实验团队。这里，有一群教育追梦者，"知音少，弦断有谁听"的苦闷在这里得到了消释，孤独落寞的我在这里找到了志同道合者。在专业共同体的照耀下，我有了不尽的激情，我的生活从此充满阳光。

"周一七点半，我们不见不散"成了最温暖的问候。大家耐着严寒，忍着酷暑，守在方寸间。舞台很小，只有方寸屏幕；心却很大，连着五湖四海。一次次激情碰撞，一次次反思交流，成了照耀我心灵的一道道阳光。

无数个夜晚，就在震撼、反思中度过；无数个白天，感受到枯燥的工作有了生气；无数次面对违纪学生，懂得了冷静和宽容；无数次开展活动，学会了让学生尽情发挥聪明才智……我逐渐真正以学生为本，充分信任和尊重学生；我逐渐做每件事情都努力寻求最佳方法，力求最大限度地挖掘学生的潜能，力求取得最佳教育效果。

为了不掉队，我捧读书本，开始了专业阅读之旅；我拿起了笔，开始了专业跋涉之路。

苏霍姆林斯基、陶行知、张万祥、李镇西、王晓春等各位专家的真知灼见飞进我的视野，这些名家如同高标导引着我，不断给我启迪。

我挥舞着稚嫩的笔，记录着与学生相处的朝朝暮暮，反思着教室里发生的点点滴滴，录下朋友带给我的丝丝缕缕。短短三年，我写下了100万余字。即使带高三，我也坚持每天写工作随笔。我将反思当做生活常态，在写作中享受着别样的乐趣。面对高考重压，我摆脱了一味注重成绩的紧张心态。我如同疼痛的软体蚌类，遇到高考应试的沙粒，学会了包容，学会了吸纳，学会了戴着镣铐跳出最美的舞蹈。

我庆幸专业学习让我不再迷茫；我庆幸专业团队的相互扶持、鼓励，让我在前行路上不断战胜自我；我庆幸自主教育课题实验带给我研究心态，让我看淡名利，宠辱不惊。

当学生带给我一个个惊喜时，当学生总是自豪地赞扬班级时，当学生在各项活动比赛中夺得第一时，当班级成为"团结"、"传奇"的代名词时……我感受到，教育原来可以如此美丽。

自主教育课题实验团队的阳光，使我生命的坚冰慢慢融化，使我的教育天空变得明丽清澈。我不再害怕迷失方向，也不再担心生活没有意义。我坚信我能超越自我，涅槃成一个全新的我，一个因生命阳光而纯粹的我。

自主教育课题实验团队，让我变得坚定、果敢、富有激情！专业共同体，让我的生命充满阳光！

 【我的教育理念】

在专业发展路上，一个人行走难免会寂寞和懈怠。专业共同体汇聚了一起寻梦的人，让我感受到互相提携、互相鼓励的温暖，感受到共同前行的坚定与愉悦。我在专业共同体中不断完善自我。

59.《陌上花开》，让成长花开不败

李习勤

《陌上花开》，多么富有诗意，它是我们班的班报。一期期办下来，班报的总厚度已经超过《现代汉语词典》的厚度。是它，见证了班级的欢笑与泪水；是它，激励学生从幼稚走向成熟；是它，滋润我们班既拥有山的沉稳又富有水的灵动；更是它，推动了我的班主任专业成长的脚步。"班级报纸期期有，师生一同补'气'！"已经成为我"班级管理创新艺术12招"中的亮点之一。

从刚开始的大杂烩到学生"诗意成长、故事人生"专版，从家长版到"快乐传奇"系列主题版，在师生及家长中引起了巨大反响，还激发了其他班主任创立班报的热情。《天津教育报》的一位编辑在采访时看了我们的《陌上花开》电子版之后，在报道的文章《大爱无边，智慧无言》中感叹："仅仅高二一年的报纸，就有24万字之多，是学生成长的宝贵精神财富。"

《家校合作，共创辉煌》、《回家》、《好习惯创造好人生》、《无限相信书籍的力量》、《数字人生》、《你家的早晨从什么开始》、《高三来了》、《高三，别让孩子一个人在战斗》……这是每期都有鲜明主题的家长版，目的是鼓舞、引领、带领家长共同学习。家长会上，家长看得非常起劲。不少家长催促孩子一定要把每一期的《陌上花开》带回家。

《新的美丽，从新的相遇开始》、《用心经营你自己》、《我的班级我担当，勇敢秀出我自己》、《对自己的名字负责》、《我真的爱我自己吗》、《让我细细地告诉你——理解亲情》、《让我轻轻地告诉你——珍惜友情》、《让我慎重地告诉你——认识爱情》、《我的早晨如何开始》、《我的信念如何坚定》、《我的高考如何突破》、《送你一条"围脖"》、《送你一块磨刀石》……这是"快乐

传奇"系列的班报主题,春风化雨的效果不言而喻。

因为要让报纸引领青春,所以我不得不阅读大量的教育类书籍,这逼着我走上了专业阅读的艰辛而幸福的道路。为了让《我真的爱我自己吗》这个专题真正走进学生的心里,我翻阅了大量书籍,最后发现了特级教师张万祥的《"一字开花"招》,在"自"字上做足了文章,教育效果简直妙不可言。从此,我对专业阅读更加情有独钟。

因为每期都要有我的一篇主打文章,所以我不得不绞尽脑汁吸引学生眼球,这逼着我走上了专业写作的寂寞而快乐的道路。一篇《胸中有沟壑,心底生波澜》我用了8个小时;一篇《者》文,从看完"感动中国"颁奖盛典开始一直写到凌晨两点多。这些为学生而写的文章陆续发表,绝对是意料之外的收获。

《陌上花开》已经走过了3个年头,带给我的是一份责任,更是一份幸福,因为它带着我走上了班主任专业成长的高速公路。

【我的教育理念】

班主任是在班级管理的过程中成长起来的。班级管理,方法万千,但必须有一个"抓手"。有了一个合适的"抓手",班级管理自会事半功倍,班主任专业成长自会水到渠成。《陌上花开》无疑是一个好的"抓手"。

60. 在诗意的教育中成长

董彦旭

15年前，我大学毕业后，从东北来到天津一所普通中学任教。当时，我在天津举目无亲，被学校临时安排住在简易宿舍。在这里，我的清贫而又单纯的教师生涯开始了。晚上，我一直偷偷地写诗词，用以表达自己内心的喜怒哀乐。我的诗词偶尔会在课堂上信手拈来。如《朝中措·上课》："课堂内外好时光。百科飘书香。提升智慧无数，畅游知识海洋。师生互动，和谐共进，共谱华章。三维目标齐聚，卓越课堂无双。"再如《点绛唇·下课》："笑声阵阵，课外活动乐无涯。文体叱咤。喜鹊满枝桠。小球挥舞，汗珠挂脸颊。高兴也。嬉闹玩耍。愉快度闲暇。"

话音刚落，学生掌声响起，很多学生喜形于色。下星期收作业本一看，居然有三分之二的学生在作业的后面附有水平各异的诗词。我每次在课堂上穿插或引用诗歌丰富教学时，都有学生鼓掌欢迎，表现出热烈的反响，这是我始料未及的。后来，学校领导临时对我"委以重任"，将全年级最"乱"的一个班交给了我，我荣幸地成了"乱"班的"孩子王"。学生中有淘气的，有藐视纪律的，有不思进取的，有早恋的……工作的艰辛可想而知，可在身心疲惫的日子里，我依然没忘记写诗词，或者说，诗词一直召唤着我。在与学生的朝夕相处中，我观察着学生的细微变化，并把这些变化和点滴的进步化作一首首诗词，汩汩流淌出来。一首首小诗蕴涵了自己丹心从教的心灵感悟，一段段宋词见证了自己谆谆乐教的博大情怀，一席平凡的诗意对话抒发了自己质量兴教的誓言，一组教育的诗心特写折射出自己科研强教的眷恋。

后来，因工作需要，我担任了教研组长、年级组长、德育处副主任等一系列职务，每天繁重的工作结束后，我心里装的还是诗词。从课堂上的点滴体会，到年级组建设的经验教训，再到学校德育工作的酸甜苦辣，我的岗位角色变了又变，可内心唯一没变的是对诗词的酷爱。诗词，已经成为我心灵的伙伴、精神的栖息地。诗词不仅唤醒了我的良知，而且激励着我以乐观向上的心态直面生活。它让我的教育思想在心灵深处扎根，把对教育的热爱上升为生命的体验。在诗词画意中成长，心，怡然温暖；情，抒怀久远。

我把个人诗词集《教育的诗心守望》中的《水调歌头·教育何其难》录于后，作为结尾：

  教育何其难？把酒问青天。深知教改路遥，夜半常无眠。从教不遗余力，又恐才疏学浅，心系实验园。练就真本领，学子笑开颜。

  勤敬业，善育人，做春蚕。身心康健，平日忙里偷闲。学有苦辣酸甜，题有繁简易难，优秀成绩单。但愿师长久，情满生心田。

【我的教育理念】

校园是诗歌天然的牧场，校园生活本身的诗意与纯净，给青春的心灵涂抹上一层天然的诗意土壤，以诗词促教，可以为学生提供一个放飞心灵的诗意精神家园。无论我们多忙，都应该抽出一点时间读读诗词、写写诗词，养养心，让自己的灵魂得到歇息，让自己的心灵得到诗词的涵养和净化。无论我们多忙，也要时时拨动学生心中的诗词的琴弦，使学生的求知欲、好奇心、想象力和创造力得到最大限度的发展。

61. "歪点子"助我成长

徐 忠

学校老师都说:"管理班级,徐忠'歪点子'最多。"是的,为了更好地管好班级,帮助学生成长,在班上我确实采用了许多与众不同的点子。

今年学生进入初二,大部分同学对异性产生了一种朦胧的好感,而且很多学生心目中都有了"暗恋"的对象,甚至有个别胆大的男生还在教室里传起了"情书"。于是我借此开了一个班会,让大家来选一选自己心目中印象最好的异性同学,选票集中在3个女生和2个男生中间。接着,我请大家说说他们的优点,并写在黑板上,然后再请这5位同学说说自己心目中印象好的异性同学的优点,也写在黑板上。经过整理,我惊喜地发现他们居然从外表、言行、举止等各个方面总结出好男孩、好女孩的标准,于是大家把它命名为"帅哥守则"和"靓女守则"。"帅哥守则"中,外表要求男生穿着大方、得体、干净、不染发、不留长发;言行方面要求语言文明、不在上课和自习课时起哄……多好的班级公约啊,在班上一实行,效果特别好。

以前我们班的图书角里的书经常莫名其妙地丢失和损坏,怎么办?我搞了一个"头脑风暴",请大家出主意。小亮的话引起了我的注意,他说:"老师,不如我们把书都放在身边,然后交换着看。"这个点子不错,于是就在班上实行了起来,我把学生家里藏书的书名打印出来贴在图书角的墙壁上供同学参阅;对于那些家里藏书较少的同学,我们以班级的名义去图书馆借书,然后分给他们保管,让他们去和同学交换。为了提高学生的积极性,我还制订了一系列奖励措施。现在,学生读书的热情特别高,读书氛围也特别浓厚。

这样的点子还有很多，虽然有些"歪点子"在试行过程中失败了，但大都成功地变成了"金点子"。我把这些"金点子"写了出来，陆续发表在《班主任之友》、《班主任》等杂志上。幸运的是，2010年和2011年，我被《班主任之友》杂志社评为优秀作者，我还年年被评为校优秀班主任，两次被评为市优秀班主任。

有的老师问我："你的这些'歪点子'是从哪里来的?"其实，这些"歪点子"都是我从同事、学生、家长那里，以及教育杂志、书籍、网络中学来的。在治班的过程中，我始终坚信方法总比困难多。如果遇到难解决的问题，我就会找任课老师商量，找同学商量。在每个学期召开家长会前，我总会把遇到的一些棘手的事情写下来印发给家长，让家长思考，并在家长会时进行讨论，大家一起制订解决的方案。通过这种方法，我得到了无数个集中了众人智慧的答案。

【我的教育理念】

善于聆听别人的意见、采纳别人的意见，既是一种智慧也是一种能力。一个人再厉害，能力也是有限的，众人的智慧才是走向成功的助推器。

62. 用故事开启"幸福教育"之旅

汪跃峰

从教之初,班主任工作的烦琐和辛劳,很快冲淡了优异的教学成绩带给我的一丝满足感。眼前日复一日、重复单调的生活就是我所追求的吗?我陷入了前所未有的焦虑和茫然之中。

2001年,我开始了人生的另一种尝试:接受区委组织部的安排,参加党校青干班学习。随后被借调到政府机关从事文秘工作,一晃就是两年。2004年初,因工作需要,我又回到了校园。也许是机缘巧合,就在那一年,我参加了一场全国班主任论坛,结识了北京广渠门中学宏志班班主任——人称"宏志妈妈"的高金英老师,她是一位演绎故事的高手。在她的教育生活中,一个个被别人只是付之一笑的小幽默、小笑话都成了她的宝贵的教育资源,课堂上信手拈来,犹如神来之笔,化解了矛盾,调节了气氛,启迪了思想,引发了深思。

听完高老师的报告,我暗自思忖:做一名有故事的老师,真好。慢慢地,我学会了用教育的眼光搜集各种故事,发现并挖掘故事深处的教育价值,开始组织整理自己的故事群。在教育实践中,我也尝试着用故事去说话。当学生对自己的家庭背景不满,埋怨自己学校落后的教学条件时,我会对学生讲《牌是上帝发的》故事,让学生学会直面现实,勇敢地接受人生的挑战;当学生意志消沉,感到理想渺茫时,我就会和他们讲丑陋的毛毛虫最终化为美丽蝴蝶的故事,激励学生朝梦想出发;我会用苏联著名宇航员科马洛夫殉难的故事,引导学生关注细节;我还会给学生讲身边人真实的成功故事,鼓舞他们励志成才。偶尔,我也会和学生一起编织美丽的故事,引导学生由童话进入生活。这一个个美妙而深刻的故事,把学生的学习生活装扮得五彩斑斓。

我深刻体会到,有故事的老师是富有吸引力的,学生愿意主动与你亲近,愿意接受你潜移默化的教育。

又是一次偶然的机会,我聆听了朱永新教授的一场报告。他一再鼓励广大教育工作者书写自己的教育故事,他说:"只有活得精彩,才能写得精彩。"从这个意义上来说,生活的质量决定着故事的质量,故事的质量决定着教育的质量。于是,一个个"后进生"的转化,一幕幕感人的精彩瞬间,一次次心灵的挣扎与彷徨,教育路途中遇到的点点滴滴,像一颗颗闪亮的珍珠,被我用文字小心翼翼地珍藏着。与此同时,我开始了近乎疯狂的教育阅读,与经典同行,与大师为伍,以名师为标杆,积累了大量的读书笔记,结交了很多志同道合者,相互切磋,共同提高。"书痴者文必工,艺痴者技必良。"我的写作思路慢慢打开,100多篇教育故事出炉了,并发表在教育报刊上。

【我的教育理念】

"一花一世界,一叶一菩提。"一则小故事往往蕴含着深刻的大道理,凝结着富有启迪意义的生存智慧,潜藏着巨大的教育价值。我知道,要想做一名真正有故事的教师,必须用真心对待学生,悉心体会教育生活,学会总结、提炼其中蕴含的教育真谛,以及闪耀着智性火花的点点滴滴。也许,优秀教师都是有故事的,他们不仅用行动,还用文字去书写自己的教育故事,让读者的心灵在震撼中走向纯净,抵近教育和专业成长的内核。

63. 积淀·沉淀·提升
——我专业成长的三部曲

瞿新忠

学习中积淀

1993年,我自学考进华东师范大学进修。华东师范大学丰富的藏书成了我的美味佳肴,我如饥似渴地饱餐着中外教育家的专著,汲取着专家名师的理论和经验。从此,书籍杂志成了我朝夕相伴的良师益友。在阅读中,于漪老师让我明白了"热爱学生是老师的天职,是做好教育工作的基础"。从魏书生老师身上我体会到了"为了孩子们付出本身就是一种快乐",促使我努力追求成为一名让学生喜欢和信任的班主任。《班主任》、《班主任之友》等杂志也成了我每期必"餐"的精神食粮。

建班育人的理论和经验在学习中积淀,指导着我与一届又一届学生成功创建优秀班集体。

实践中沉淀

1997年至2007年,我潜心研究,积极探索、实践。在十多年的家访和家庭教育指导实践的基础上,形成了"访"、"谈"、"展"的家校联动模式。在与各种犯错误的学生打交道的过程中,我不断地调整着与学生的谈话方式,探索出运用"教师倾听——师生复述——学生谈感受"来引导学生的批评艺术,并逐渐形成了"优化'问题学生'育人环境、启发'问题学生'自我教育、构建学生正确价值观荣辱观"的教育三部曲。

我的班主任工作艺术在实践中沉淀。

带教中提升

名师指导无疑是班主任专业成长的一条捷径。2008年,我如愿进入了由黄静华、陈镇虎两位特级教师主持的上海市班主任实训基地学习,让我有机会零距离向专家导师请教。接下来是我"脱胎换骨"的两年,让我实现了从一个经验型班主任向专家型班主任的转变。黄静华老师的"假如我是学生"、"把'爱'扎根于心的爱生精神"让我深深折服。"用儿童的眼睛去观察、用儿童的耳朵去倾听、用儿童的大脑去思考"、"热爱学生,做学生的有情人;读懂学生,做教育的有心人;自觉反思,做教育的明白人;努力学习,与学生一起前行。"短短几句话为我如何提高建班育人的能力和专业素养指明了方向,帮助我形成了"优化成长环境,注重生活体验,增强自主管理,促进和谐发展"的班级管理风格。

我的班主任专业素养在导师的带教中不断提升。

2009年底,我荣幸地被评为上海市中小学班主任带头人之一(共8人),市教委为我们建立了班主任带头人工作室。聆听专家报告和讲座、向专家导师请教、开展新形势新问题的实践探究、与学员切磋交流,在带教中让我对班主任工作又有了新的认识——学生身上出现的问题是学生成长、发展过程中的需求,老师的任务就是理解并满足学生这种合理的需求,帮助学生更加健康地成长。

【我的教育理念】

"不积跬步,无以至千里;不积小流,无以成江海。"在学习中积淀,在实践中沉淀,我孜孜不倦地追求着教育理想。做教师是幸福的,而做一名班主任更是一种幸福。天地之大,能有幸与一届又一届的学生成为朋友、知己,那是怎样的一种幸福呀!爱或许比渊博的知识更重要。给学生多一点宽容、多一份关爱,不放弃任何一名学生,尽自己最大能力帮助每一个学生健康成长,这是我一生的追求。

64. 潺潺清泉入我心

陈德红

我又一次翻开那本记录了我心路历程的班主任日志。

随手翻阅间,一个"新班主任"的形象逐渐浮现在我的眼前:冲动焦躁,相信"多用惩罚就能把班管好",凡事"身先士卒",习惯于"我说了算"……那时的我,会因为在窗外看见学生自习课上讨论问题而火冒三丈,立马把他"揪"出来狂批;会喋喋不休地给学生灌输"正确理论",又为"曲高和寡"而独自郁闷难过;会因为学生参与活动不积极而"亲自上场",为班里拿名次,然后伤心地面对学生冷漠的眼神……成功之路在何方?我一度陷入了彷徨。

学校里有一个班主任"8+1"工作室。团队的理念是:既关注学生的今天,帮助他们在高考中取得优异的成绩;更关注学生的明天,引导他们成为人格健全的人。心力交瘁的我看到了光明,多次申请之后,我终于幸运地融入了这个团队。

在团队里,我不仅从同伴那里学到了科学的管班理念、灵活的管班方法,更在他们的引领下开始了如饥似渴的专业阅读。《班主任工作漫谈》、《李镇西班主任日志》、《光辉岁月》、《教育中的心理效应》、《高考心理指导》……一本本带着墨香的专业书籍走进了我的生活,把我引入了一个崭新的世界,我的班主任工作也一点点地起了变化。

我开始"心中有人"——学生在我眼中,不再是"成绩"的符号,而是一个个洋溢着青春激情、鲜活可爱的人。我和同学们交流的时候,话题也由原来单一的"成绩"、"纪律",延伸到"最近一段时间的心情"、"和老师同学的交往"、"对未来的畅想"……在看似"胡侃"中,我丢掉了班主任的"威严",却走近了学生,赢得了学生的心。我开始尝试"无痕教育",在不经意间用"讲故事"、"看视频"、"师生共读名著"等方式积极引导学生。在学习之外,我们还有更重要的事情——成长。养成良好的学习、生活习惯,培养自己各方面的能力,学会和老师及同学友好相处……是多么重要啊。我有意识地着眼于"学生一生的幸福",有计划地规划班级活动、系列班会,我更学会了依靠学生,把自己从疲惫而专制的"班级管家"中解脱出来,以平等的身份引导学生自我管理,笑看他们的成长。

在一年多的时间里,我完成了从一个不知专业知识为何物的班主任,到一个能够自觉地读书、思考,并努力活学活用的班主任的转变。同伴的帮助,书籍的滋养,如潺潺清泉,滋润着我的心田。我要走的路还很长,但既然选择了,就要坚定地走下去。

【我的教育理念】

作为高中班主任,不考虑成绩是不现实的,但我们更要考虑,在成绩的背后,是一群正在长身体、思想活跃、有成长期的困惑更有青春激情的少年。正视现实,不逃避,不狂狷,努力向周围优秀同事学习,努力用专业书籍滋养心灵,努力让自己成长为引领学生思想、帮助学生健康成长的"心灵导师",当是新一代班主任的责任。

65. "三心二意"
——我的成长之路

杨宏杰

留　心

2001年，我从一所农业院校毕业，稀里糊涂地就担任了初一一个班的班主任及两个班的数学教学工作。"隔行如隔山"，教书对我来说真不知从何下手，班级管理就只能维持纪律了。我整天忙忙碌碌，只想能早点有"老师的样儿"。期中考试后，班里一个女生辍学了。后来从她父母口中得知，她的听力有一定的障碍，她很喜欢读书，只是她忍受不了老师和学生的嘲讽。我为自己的失职感到内疚，半学期下来，我连这个学生的基本情况都不了解，更别说对她关心、教育了。

从此，我开始留心了解、观察每一个学生，对他们的家庭情况、性格特征等做了详细的记录。

用　心

经过三四年的打磨和不断努力自学，我不仅顺利通过了教师资格考试、教育技术能力考试，还通过了法律自考本科考试，我终于在三尺讲台上站稳了脚跟，但更多的还是恐慌："我是一个合格的老师吗？"我深知对于教育、管理学生，自己仍是一个门外汉。2006年我毅然离职，到一所师范院校进修两年。一头扎进大学图书馆，我就像一个饥饿的孩子找到了面包。两年期间，我几乎每天早晨都第一个冲进图书馆，最后一个离开。在此期间，我读了《孟子》、陶行知的著作，领悟到了教育的内涵；我读了苏霍姆林斯基的著作，感受到了教育更多的是给孩子关爱；我认识了朱永新教授、李镇西老师，从此走进了"教育在线"，开始了自己的教育叙事；我大量阅读了李镇西、钱梦龙、李希贵、吴非、窦桂梅、孙云晓等大师的著作，自己的教育理念得到了进一步的升华；我了解到了张思明、夏青峰等一线名师的成长道路。

如今，每当在职业道路上感到困惑、迷茫时，我便翻阅那十几本厚厚的读书笔记，顿时，浑身便有了力量。

信　心

2008年，我在"教育在线"注册，开始发表教育叙事，如今累计十几万字；同年，第一篇作品《孩子请勇敢地伸出你的右手》在《河南教育》上发表；此后两年多，数十篇文章在省级以上刊物发表。主持两项市级课题获一等奖；参与"国培"项目学习，被评为"十佳学员"、"优秀班主任"，同时被聘为初中数学学科专家助理；多次被上级部门评为"优秀班主任"、"课改标兵"。

在专业发展道路上，我时刻对自己充满信心。

两个心意

我曾多次怀疑过自己能否成为一个好老师，因为我缺乏做老师的最起码的功底；我曾经尝试过离开，每当看到以前的同事升官发财，我都会羡慕和妒忌。我考过公务员，甚至曾打算离开学校，但在短暂的困惑之后我更加清醒："我更适合做老师！"于是我有了两个心愿：一辈子就做老师；努力过一种幸福完整的教育生活！

【我的教育理念】

如今，我发现孩子们的喜悦和苦恼已经左右了我的思想，发现自己更适合于做老师。我留心身边每一个孩子，用心记录他们成长的过程。在帮助孩子们成长的过程中，我逐渐走上了专业发展的道路，体会到了做老师的幸福与自豪。

66. 在借鉴中入门

纪雪林

2009年到乡校支教时，第一次当班主任的我第一周就深感失望：课桌椅乱拿乱放，学生甚至坐在桌上聊天；没人早读；课堂上随便接老师的话茬；交家庭作业的寥寥无几；班会时一直打闹到开会结束；三天两头有人打架……面对如此惨状，我真的感到无从下手。

彷徨中想到了曾经看过的《班主任》、《班主任之友》杂志及"班主任之友"教育论坛，想到了张万祥老师主编的《班主任专业成长的途径——40位优秀班主任的案例》，我决定学习和借鉴。

当翻阅"接手乱班，我该怎么办？"栏目内容和万玮老师接新班的带班经验时，感觉真像是雪中送炭。他们的经验使我初步理清了带班的思路，在实施时也像万玮老师那样言出必行：我宁可下午回家迟些，也要陪学生做完作业；冲洗厕所时，亲自（或指派女卫生委员）去检查每一个蹲位是否干净了；早操集会队形纪律不符合要求的，再次组织学生排队入场……经过多次强化，班级不良的风气收敛了许多。

刚开始，由于缺乏与科任老师合作的经验，造成了一些误解。学习了《班主任》杂志的《科任教师参与班级管理的着力点》文章后，我立即积极与科任老师进行沟通，增加了相互间的协调与默契。我把这一经历和体验写成文章，被《班主任》杂志作为话题观点刊登了。

学习成绩也是量化优秀班级的重要指标，要把这些整天想着法子玩耍的学生的兴趣转移到学习中来实属不易。在《班主任之友》杂志中，多是用奖红花、奖星星来激发学生的兴趣，但农村孩子对这些奖励根本不在乎。于是我变通了一下：先设置近10

种与学习有关的奖项，打印成微型奖状，每周发一次，一个月累计奖一次，按所获奖状数发奖品。这对于读了5年书还没得过奖状的农村学生来说，既新鲜又实惠，他们倍加珍惜，时不时拿出来炫耀一下，学习积极性空前高涨：自觉提前早读，追求独特的解题方法，超额完成作业。学习成绩迅速提高，数学成绩提升了20个名次，超过城区片的一些平行班。

通过学习和借鉴，我终于把班级打造成全校班纪、学风和文明礼貌第一，学习成绩山区片第二，外班和外校都有学生慕名要求转到我班来，全班39个学生有36人请求我继续留下支教。这一年我共发表了14篇文章，并被评为镇德育工作标兵。我这个门外汉终于摸到了一点点门道。

【我的教育理念】

班主任的专业成长会经历不同的阶段，借鉴别人的经历和经验是班主任专业成长初始阶段的一个快速成长的重要途径。这可以帮助班主任迅速稳定班级，使各项工作逐步走上正轨，然后可根据自己和学生的特点培养特色班级。

67. 巧借东风，扬帆远航

曹建英

我很欣赏这样几句话：一个人走向哪里，要看与谁同行；一个人能走多远，要看与谁相伴；一个人有多大成功，要看有谁指点。

记得两年前，学生涛屡屡不完成作业，很令我头疼。每次我苦口婆心说服教育，他却总振振有词地与我分辩。更为苦恼的是，与其父母沟通时，他们不仅不支持我的工作，还一味地替孩子开脱。为此，我无计可施。一个偶然的机会，我有幸结识了郑立平老师。难忘第一次与郑老师交流时，我顾不上客套，直奔主题，请求他的援助。郑老师耐心听完我的描述后，从孩子的家庭情况、表现、与伙伴的关系、留作业的技巧等方面逐一为我指点迷津，过后还真诚邀请我加入他创建的"心语团队"。

加入"心语团队"，最初我有些自卑，总担心自己观点浅薄、文字笨拙拿不出手。郑老师却总是热情地鼓励我，悉心指点。

难忘第一次参与"心语团队"开展的"读书大讲堂活动"的经历。在队友的热切鼓励和精神感召下，我捧起了郑老师《把班级还给学生》一书。20多天我不分昼夜地阅读体味之后，巧妙地把书中"感动一生的聘书"和"妙趣横生的承包会"移接到自己的班集体中，并以"男女擂台赛"、"封官大典"、"我的地盘我做主"等全新形式呈现，深受学生欢迎，也真正解除了长期以来我班女生唱主角、项项活动班主任一人独揽的无奈。难忘团队贺华义老师组织的"构建和谐搭班团队"的主题研讨活动，它解决了困扰我3年多的大难题。至今我依然记得刘霄老师"欣赏搭班老师，让搭班老师成为班级管理者"的理念，贺华义老师"同一个班级，同一个梦想"、"利用每一个老师身上的优点"的启迪，撰写《拥有独特自己，开创美好未来》的独特经历。

第一次参与"读书大讲堂活动"正值寒假，郑老师要我好好读书，并要求完成1万字的读书交流稿。"1万字？"我心里恨恨地想，"怎么这么苛求！真不如一棒子打死我算了！"抱怨过后，我还是捧起《于丹〈庄子〉心得》拼命苦读，常忘了吃饭，忘了睡觉，甚至水也顾不上喝。读罢，我又不顾疲倦地一字字敲打着，3000、5000、8000……在他一次次"不够深入、仍需完善"的苦苦"相逼"下，我一遍遍地含泪修改、完善，到最后完稿，前前后后共花了10天时间。正是这种苦苦"相逼"，让我得以在"心语沙龙"大讲堂成功亮相，更使此文得以被《班主任之友》杂志刊发。现在想来，今日自己之所以能从容应对工作中的诸多问题，能笔耕不辍、挥洒自如，真的得益于跟随郑老师及"心语团队"的成长。

写到这里，我不由得想起郑老师常说的一句话：促使一名教师从一般走向优秀，从优秀走向卓越，不在于他有多么高深的学问，多么过硬的本领，而在于他善于合作、善于研究、善于借力。我正是巧借"心语团队"的东风，才一路扬帆远行至今！

【我的教育理念】

多一个铃铛多一声响，多一支蜡烛多一分光。在经济和科技飞速发展的今天，仅凭一人之力很难突围。只有将无数个人的力量凝聚在一起，才能确立远大的目标，敞开大海一样的胸怀，迸发出大海一样的力量。巧借团队东风，促进自我发展，在团队中主动学习、主动出击，与队友互相借力、互相鼓励，双赢共好、共同提升。

68. 爱心·诊疗·自主化
——我成长的三个三年

潘雪陵

爱心——从 2003 年到 2005 年

我一直记得刚担任班主任时的一件事。

那是一次班会课，我组织学生一起讨论班级量化管理条例。原本信心满满的我，没想到条例宣读后引起了学生的一片反对声。"只要自己自觉，不要量化管理条例也行"、"班级要纪律，但不是要这些条条框框"、"管理条例里尽是扣分的内容，而且扣分的量太大"……班会课在一片吵吵闹闹声中结束了，我却陷入了巨大的苦恼中：我尽心尽力为学生着想，为班级着想，为什么却遭来学生的一片反对声呢？

后来，我阅读了李镇西老师的《爱心与教育》，才明白原来自己对学生还没有做到心中有"爱"。于是我开始尝试"与学生一起写周记"，我在周记中与学生互称朋友，把一周以来自己的所见所闻所想抒写出来给学生看，请学生点评。《也谈边缘学生》、《不得不呐喊的呐喊》、《爱，是不能忘记的》等文章引起了学生的共鸣，拉近了我和学生的距离。我也开始找学生谈话，对学生的错误行为予以宽容和谅解。渐渐地，班级开始走向正轨。

诊疗——从 2006 年到 2008 年

在尝试爱心教育之后不久，我就发现"爱"并不是万能的，简单的"爱"是没有效果的，因为有的学生总利用我的爱心做违纪的事。这让我很是苦恼。这时候我接触到了王晓春老师的书，开始尝试"诊疗",从不同的角度研究学生。同时,我又幸运地在"班主任之友"论坛上看到张万祥老师给年轻班主任开出的书目,我便开始一本本地研读。

我在论坛上建立了班级管理日志专栏,对每天的班级工作进行记录,开始分析学生这样做的原因,开始研究管理班级的举措。

于是,"班级生日祝福诗"、"图书柜"、"班级博客"、"班级日志"、"快乐贴吧"、"彩色高三"等举措出台了,我也收获了40多位学生的真诚和友情。

自主化——从2009年到2011年

虽然我能感觉到自己在进步,但如何使班级管理更有效、更有序,我还是比较茫然。这时候,我有幸结识了郑学志老师。郑老师的"让学生自主管理"、"把老师从烦琐的班级事务管理中解放出来"等理念让我大感振奋,于是我开始尝试班级管理自主化实验。

我发动学生确定班名,制定班规,确定班级精神、班级口号,尝试自主学习,指导学生自办主题班会、家长会……

或许是比较幸运,或许是厚积薄发,这两年来,我逐渐在《班主任之友》、《中国教师报》等著名报刊上发表文章,还被评为"市级德育先进个人"。

【我的教育理念】

班主任要努力寻求突破口,要不断提升自己,要给自己制订发展目标。如果一个班主任过了三年之后,他的带班理念和带班手段还是老样子,很可能已经落伍了。班主任只要抓紧每一个三年,制订三年发展目标,就一定会有所建树。

69. 名师引领我专业成长

刘 强

2007年的那个夏天很热,我在志丕中开始当班主任,但很快班级就变得乱七八糟,行将崩溃,是秦望主任拯救了我。秦主任要招收徒弟,我第一个报名。如果没人引领,我简直是无头苍蝇,手忙脚乱。正是在秦主任的带领下,我开始了专业成长。

指导班级管理,秦主任最无私。了解了我们的班级管理状况后,研讨就从班级常规开始,使我渐渐清晰。秦主任展示了他的班级管理技巧——抓好"四课",也就是后来发表在《班主任之友》上的《四课成就幸福班主任》所讲的。看到他的"四课",我豁然开朗。我借鉴了"四课",坚持努力,在期末考试中,我班量化成绩双第一。

引导读书,秦主任率先垂范。班级管理走上正轨后,秦主任带领我向新的目标前进。知道我不怎么读书后,秦主任便要求我进行共读,但我总以"忙"为借口拒绝。秦主任生气地批评我:"你们想专业成长,却不想用功,哪有这种好事?"秦主任与我分享了阅读技巧。我深感羞愧,用行动投入阅读的快乐之中。秦主任列出阅读书目,我如饥似渴。现在我已经买了上百本书,各类书籍摆满了书柜。读的书多了,接触了更多的教育理念,思路就开阔了。

引领写作,秦主任提供方法。在共读的同时,秦主任指导我要多练笔,在教育论坛上建班级管理主题帖。我没有写的习惯,秦主任就鼓励我每天坚持写,不求多,不求文采。我不会写,秦主任把自己的写作经验分享给我,要求我锤炼语言,总结技巧。几年来,我一直坚持写,写作已经成为我快乐生活的一部分。

专业方向,秦主任替我量身定做。有了读与写的积累,秦主任让我确立一个研究方向。我举棋不定,深感迷茫。秦主任鼓励我:"不要着急,你先沉下来阅读、写作,积累到质变。"记住了秦主任的话,我静心读书,用心记班级故事。后来,秦主任建议我进行班级教育叙事研究,我眼前一亮:还是师傅了解徒弟啊,他知道我喜欢写。现在的我坚定理想,快乐成长。

专业成长,需要名师指引,这样,在成长的过程中就会少走弯路。名师的指引给我们以情感关怀与技术支持。我是幸运的,因为我有秦主任的亲自指导。

我们都是幸运的,因为现在有很多关心年轻班主任的可爱的教师。如张万祥老师,他为我们收集德育素材,无私地奉献出来,让我们有丰富的材料;他还组织我们写书,指引我们专业成长。又如郑学志老师,他带领团队搞课题,帮助年轻班主任成长,我收到他的签名赠书就好几本呢。他们都在默默地为我们指引方向。

【我的教育理念】

"学为人师,行为世范",名师就是我们专业成长路上的一盏灯,他们理念新,学识渊博,潜心治学,引领专业发展。班主任专业发展需要借鉴名师的教育理念、知识资源、技能资源,为自己的专业化发展寻求帮助与支持。

70. 让生涯教育课引领学生成长

秦 望

班级管理需要一招一式的小技巧，更需要开发自己德育课程体系的大智慧。

首先，我下了很大一番工夫进行研究。徐小平、高燕定、李开复、覃彪喜、洪向阳、洪傲、吕迎春、王伯庆等人走进了我的视野。把名家的理论融合到自己的课程实践之中，开设了每个学年各有侧重的四个模块高中生涯教育课。

高一上学期，了解高中。重点是帮助学生了解高中学习方法、习惯养成以及每一阶段的特点和大事安排。辅助书籍为《等你在北大》、《等你在清华》、《杰出青少年的七个习惯》。

高一下学期，认识自我。重点帮助学生认识自己的人格类型、职业兴趣以及青春中后期知识，为文理分科做准备。辅助书籍为《九型人格》和《青春期问题与教育方案》。青春期教育不仅仅是性教育，它包括情绪管理、人际交往、早恋问题、网络成瘾、盲目追星、盲目攀比、逆反心理、逃学厌世、吸烟饮酒、打架斗殴等问题。

高二学年，职业定向。李希贵说："很多高中生的心理问题其实都跟人生目标迷茫有关系，生涯教育是从另一个角度解决学生心理健康问题。"人职匹配——把未来职业素质要求告诉学生，学生就不会迷茫。把与职业类别相关的入门书籍、成功人士传记介绍给学生，使学生理解自己的职业期望。辅助书籍为《100个最具前景的职业》（工作内容、职业要求、职业资格、职业前景、薪酬水平、适合人群）和《读大学，究竟读什么》。

高三学年，研究专业。不少高中毕业生只知道报考名校，不知道选专业，上了大学仍然在怀疑自己该不该学这个专业；大学毕业后，只知道要读研却不知道读什么；研究生毕业仍然没有职业目标，人生没有方向，长期生活在彷徨中。殊不知，选择专业就是选择职业，就是选择未来。以文科类专业为例，可分为哲学、经济学、法学、教育学、文学、历史学、管理学七大类，然后根据所在省份高考《招生专业目录》所开列专业进行细分，帮助学生了解每一个专业的主要课程、院校特色、就业路径、学长经验。这实际上是把学生就业前置到高考选专业阶段。辅助书籍为《看就业·选专业》（麦可思——中国大学毕业生求职与就业研究课题组编）和《高考重点专业详细介绍与报考指导》。

【我的教育理念】

英国哲学家罗素说："选择职业是人生大事，因为职业决定了一个人的未来，选择职业就是选择将来的自己。"因此，高中不仅是"大学预科学校"，也应成为"职业预科学校"。

高中生涯教育课既是职业生涯指导课，也是励志课、青春期教育课、心理辅导课……在这个课程体系下，达成教育目标的方法更为务实有效，紧扣时代脉搏。

71. 别样的校本教研

郭华云

又到星期二了,我校初中部20位班主任又要交"作业"了。今天下午第八节课,学校主管德育校长将亲自指导本期"班主任半月谈"的内容。

这是我校自发组织"班主任沙龙"的一大创举,自成立之日起就备受学校关注,得到了时间、地点和财力的支持。沙龙负责人李老师是一位市级优秀教师和班主任,把一腔热血奉献给了教育事业。近年来,随着学校规模的扩大,班主任的专业成长制约着学校发展,李老师看在眼里急在心中。征得学校领导同意后,创建了"班主任沙龙",有组织制度和活动室。每双周二下午第八节课要进行教研,开展"班级难题大家说"活动,即"班主任半月谈"。每次教研都有主持人,一般由校内比较优秀的班主任或德育干事负责。每次就一个大家需要破解的难题进行研讨,然后结合我校学情达成共识,最后布置下一期要研讨的话题。研讨会上,每位班主任都要形成书面材料用于交流和存档。

班主任这次要交的作业是"学生带手机进校园,班主任怎么办"。这是一个老话题,许多媒体也曾对此进行过专题研讨,不同的学校学情不一,如何解决这一难题,是对班主任教育智慧的一个挑战。

第八节课,"班主任半月谈"又一次在德育活动室拉开帷幕。各位班主任把精心准备的作业进行现场展示:有的班主任说应发动家长的力量阻止学生带手机,把学生带手机的危害向家长说明;有的班主任说允许学生带手机,但必须放在班主任那里,打电话时从班主任那里领取;有的班主任说允许学生带手机,须把手机号码上报班主任,上课期间和考试期间不能开机,班主任随时检查，如果发现学生上课开机，上报家长取消带手机资格；有的班主任也同意学生带手机，主张一旦发现学生在上课期间打电话、发短信、玩游戏或聊QQ，轻则上报年级组通报批评，重则回家反省……

不知不觉半个小时过去了，真是"八仙过海，各显神通"。最后大家达成的共识是不能一味地堵，应该注重引导，然后出台了具体措施：第一步，统计班中带手机的同学，班主任做到心中有数；第二步，把学生带手机的危害向他们说明，引导学生从此不带手机，"顽固分子"——带手机的同学返校后必须把手机放在班主任那里，使用时从班主任那儿领取，双周休时领回。如果私自带手机进校园，并在上课期间玩，被发现后由家长领回家反省3~5天。

"班主任半月谈"对青年班主任来说是一个历练，有利于面对难题、思考难题和解决难题，有利于专业成长。

【我的教育理念】

面对班级中不断涌现的新情况、新难题，班主任要学会冷静思考，学会寻找途径，学会利用集体智慧破解难题。

"班主任半月谈"是一个很好的方法，可以在每次研讨中发现自己与优秀班主任的差距，要把每次研讨看成一次生命的拔节，当做一次挑战，当做通向成功的五彩石，当做专业成长发出的呐喊。

72. 别停下敲击键盘的手

朱晓玲

那年放暑假时，领导告诉我下学期准备接五（2）班，我知道这个特殊的班级——这班孩子仅一年时间就气走了三个班主任。而我，也可能就是那个"老四"！整个假期我都很郁闷：未来的日子怎么过啊！开学的日子可不因为我的郁闷而远走高飞。报到那天，这帮家伙还真没让我"失望"——有穿拖鞋来的，有没做完假期作业的，有忘记带书包的……

晚上回想着一个个毫无怨言的家长，我知道不能再逃避；学校领导将这样的班级交给我，说明相信我能带着孩子们走出一片新天地。我开始思考带这个班的策略。良久，我决定为这个班开一个博客，将班中的故事记下来，若是调皮的孩子真折腾出什么事儿，我这个火暴脾气正好冷静冷静，以求对症下药。当晚我就从以前了解的那几个"特殊的孩子"写起。写着写着，我的心竟在不知不觉间被触动了：乐，这个早产的孩子，走路时腿都站不直，相信他的父母一定很心疼他；杰，长得虎头虎脑；小莫，讲话时就爱笑……接下来的日子，因知己知彼，我和学生倒也过得顺风顺水。

其实，一开始写博客是为了寻一条治班之路。有时到晚上累得腰也直不起来了，我也曾想放弃。直到小莫无意中进了我的博客，看到写他的故事就如同变了一个孩子后，我再也停不下敲击键盘的手了。之后，孩子们都开始关注我的博客，想看看有没有自己的故事。而我的心，也在敲击健盘的同时，更贴近了孩子们的心。

那时，写班级故事的我完全是摸索，难免会遇到困惑。我何其幸运，不久后就参加了区"名班主任培养对象"的培训班。由此，我认识了《班主任之友》的常务副主编熊华生老师，并聆听了魏书生老师、高金英老师、郑学志老师、钟杰老师等享誉全国的大师们的讲座。在他们的影响和指导下，我深入而系统地阅读了张万祥老师的《给年轻班主任的建议》、陈晓华老师的《做一个魅力班主任》、王晓春老师的《做一个专业的班主任》等专业书籍，并写了《努力放手最难放，轻装上阵却不轻》、《阅读，指向灵魂深处》、《有一种幸福叫"坚守"》、《守住心灵的花园》等上万字的读书笔记和听课感受。

写作与阅读的反复循环，让我在处理班级工作时更得心应手。我的博客《开学第一天，我哭了》、《其实小草也可以开花》、《让天使住进心里》、《原来，父爱也如水》等故事悄然诞生。

毕业典礼上，手捧鲜花的我笑得极为灿烂——不仅因为我班获得了优秀班集体，更因为我惊喜地发现，用键盘记录下的故事让我每天都过着与众不同的精彩生活。

【我的教育理念】

我特别感谢那些后进的孩子，他们鞭策着我不断地学习，不断地锻炼自己，让自己的头脑能飞速地运转。这也就是古人所说的"教学相长"吧！作为班主任、作为教师的我们不停下敲击键盘的手，实则就是不停下思考的步子，不停探寻更好的带班之路，不停探寻更好的育人之方。只有这样，我们才能站得高，才能感动学生、家长，才能感动自己，才能真正走上爱与智慧同行的幸福教育之路。

73. 网络撞出的"专家"

管宗珍

本来，学美术专业的我，是不便当班主任的，但是我喜欢当班主任，于是选择了教语文。因为我发现，当班主任更能体现教育的价值。初当班主任，我就将一个全校没人敢接的"烂班"，经过一年的时间，打造成了区先进班集体。但那时的我，只知埋头苦干，不知抬头思考，在混混沌沌中，日子悄然逝去。转眼间，十多年过去了，我依然"原地踏步"。

我向来都是一个后知后觉的人，做事总要慢别人几拍。接触网络，亦是如此。

直到2006年，一个偶然的机会，我接触到了网络，无意间闯进了"教育在线"，读到了很多优秀同行的帖子，才蓦然惊觉，自己和别人的差距竟如此之大。网络为我打开了一个全新的视野。

我被许多优秀的同行感染着，沉睡了很久的心被惊雷给震醒了。

一直以来，我就想把学生的成长日记忠实地保留下来，作为礼物留给孩子们。就这样，我创建了班级博客"晓荷"。为了给孩子们起到榜样示范作用，凡事我带头做，每天无论多累都坚持写作，坚持更新博客。三个月后，我有幸作为骨干教师代表，参加了全国远程培训。不曾想，有了这段时间的无心插柳，在这次学习中，一向反应奇慢的我，竟破天荒地反应敏捷，各项成绩在全国都名列前茅。其间，出众的学习表现，一下子让名不见经传的我成了"名人"。

接触网络不久，我就尝到了甜头，与网络结下了不解之缘。随后，我又承担了区重点课题《教育博客促进师生成长的有效策略研究》的研究任务。从此，我就正式走上了网络教研的道路。我将教学、研究、学习、反思、写作、实践自然地融为一体。在全国第五届 NOC 大赛中，班级博客"晓荷"一举夺得一等奖第一名的佳绩，并渐渐地成了武汉教育博客的品牌，一直出现在推荐之首。

接触网络后，没几年工夫，年轻的我就被特聘为省、市专家团成员，引领着省、市班主任团队成长。这样的事，要是放在以前，是想都不敢想的。这一切，都得益于几年来用心经营"晓荷"博客，是坚持网络教研实践锻炼带给我的成长变化。

成为"专家"后，我清醒地意识到以后这样的机会越来越多，我该怎样有底气地去面对别人，让人心服口服呢？除了行动，还是行动！唯有多阅读、多反思、多写作、多实践、多积累。只有像我理想中的专家那样德才兼备、博学多才、底蕴深厚、能干会做、能说会写，让人由衷地信服，打心眼里钦佩才行。显然，我离理想中的专家差距甚远。

唯有努力，勤能补拙！从此，我走上了自主专业成长的快车道。

【我的教育理念】

充分借助网络这个最经济、最便捷、最实效的资源，可促使自己跨入专业成长的快车道。论坛也好，博客也罢，都为我们打开了广阔的视野，在参与、碰撞、阅读、思考、写作、实践、积累中，你会发现自己正不知不觉发生着蜕变。

74. 敢在名师面前班门弄斧

牛胜荣

不知不觉，三年间我竟写了80万字的教育随笔和教子感悟，一股自豪感涌上心头。为人师的幸福和苦涩，为人母的骄傲和困惑，都已经定格在那或长或短的文字里了。虽然我只是一个普通的老师，没有文学大师的生花妙笔。

所有的这一切，都是在我遇到恩师之后才发生的。2008年3月25日，这是一个难忘的日子。这一天，我在《班主任之友》上读到了张万祥老师的文章《班主任要砥砺自己的心灵》，老人在文中谆谆教诲："要获得幸福感，途径有许多。第一，钻研业务，提高教学能力与水平，上一堂好课，教学深受学生的欢迎。有雄厚的资本抵制职业怠倦，学科教学的成就感铸就幸福感。第二，提高管理班级的水平，关爱学生，走进学生的心灵，把班级建设成优秀班集体，成为受学生欢迎的班主任。第三，增强创新意识，让教育教学工作充满创新的色彩，创新的乐趣。第四，多读书，适当读一些心理学书籍和励志书籍，开阔眼界，开阔心胸，充实内心世界。内心世界充实了，无聊、苦闷、空虚、忧郁、愤怒、自卑等就无立足之地。"

我无法形容我当时的震撼和感慨，眼里不由自主地噙满了泪水，我虔诚地进入了老人推荐的"班主任之友"论坛，18点21分注册成功，人生的一扇门轰然开启了！我竟在张万祥老师的帖子后跟了一帖，诉说了我的失落和彷徨，希望能够得到他的指点，没想到老人家真诚地回帖鼓励我，并给我寄来了他写的书。

进入论坛，我又陆续结识了郑学志老师。这位全国著名的班主任，年纪轻轻就出了20多部教育书籍。还有河南名师李迪，坚持每天撰写教育故事，一下出版了6部书。还有艾岚，这位痴心于教育的侠女,只身远涉海南,她的帖子《教育航海记》揪得人心好痛……还结识了很多智慧班主任和名师,我找到了刷新自己生命的途径。

我开始写第一个主题帖《我的办公室故事》,尽管语言粗糙,但论坛的老师们真诚地跟帖鼓励。后来,我的两个教子帖子《儿子14,我40,青春期的儿子不孤独》、《远行的儿子,你永远在我的视野里》也得到支持和鼓励,被加为精华。

三年来,我没有奢求自己发表多少文章,不过,但凡有得意之作,也向杂志社投稿,相继发表了十几篇文章。2010年暑假,在全国首届班级自主化教育管理论坛上,我做了一个关于网络学习的发言,得到与会专家和老师的好评。后来我又加入了郑学志老师的"自主教育课题实验团队"和郑立平老师的"心语沙龙",这里名师聚集,我得到成长的力量。

与优秀教师为伍,我时刻感受到一种向上的力量。他们虔诚地行走在教育的路上,鲜花满径或充满荆棘,都一样坦然地接受,细细地咀嚼,倔强地成长。

【我的教育理念】

只有敢在名师面前班门弄斧,才能得到他们的指点,才能提升自己的水平。不管你多么平凡,抛却自卑和虚荣,踏实地跟随优秀者前行,一定会逐日变得优秀。

75. 野百合的春天
——一个"80后"班主任的成长

李 晶

那年，一念之差，我没能成为高中老师，早就铸就的与学生一起备战高考的梦破碎了。带着郁闷的心情，我徜徉在四川的名山大川间。一天，偶然间抬头，我看到在悬崖边默默开放的野百合，看似柔弱的花却有着倔强从容的性格，在崖边依然绽放得灿烂。以后的日子里，我也像野百合一样静静开在三尺讲台上。

从四川归来后，我在大家的质疑声中走上了班主任的岗位。直率的年级组长说："你这样温柔的性格可以做好班主任工作吗？"三年后，我成为优秀班主任，有人羡慕，有人说幸运。其中的滋味只有我自己知道。

默默的野百合

那几年我很忙，做一个班的班主任，担任两个班的语文教学工作，负责学校网站初中板块的编辑。有时候，我觉得不公平：别人不愿意做的事情，为什么要给我这个年轻人做！现在回头想想那几年，却是我获得最快成长的年月。

从一节家长开放课的成功，到进入全市决赛，初出茅庐，我首战告捷。那节开放课我本不想承担，因为当着家长的面讲课压力大，然而，无形的压力激发了巨大的潜能，我获得了自己的第一个市级奖项。我学会了制作网站，建立了班级网站，开始用网络联系学生。

合理的是锻炼，不合理的是磨练，磨练使我成长，一朵野百合正静悄悄地绽放。

水做的野百合

为了成为威严的班主任，遇到事情我总是强忍着泪水反复告诉自己要坚强。一次三好班级落选，想到45个孩子不懈的努力，我还是没能控制住自己的泪水。孩子们感受到了他们在我心里的分量，那是一种震撼心灵的力量。我不是强者，我有颗水做的心。谁说班主任一定要坚强呢？眼泪也是一种情感的表达，它像露水一样滋润了学生年轻叛逆的心。我感性、孩子气，我成不了严师，只有颗易碎的真心。

我是一朵水做的野百合，盛开在孩子们通往理想的路上。我要用最独特的自己引领我的学生。

幸福的野百合

做班主任工作已经5年了，我依然保持着当初的激情，也收获着越来越多的幸福。春风里，望着学生认真做课间操的身影，想想他们刚进校时的模样，想想他们的未来，一种莫名的幸福感油然而生。学生毕业前，最后一次家长会，全体家长起立鼓掌，很多人流下了眼泪。我深深意识到我的工作是有情的，我是幸福的野百合。这点滴的幸福也是激励我工作的源泉。

我在阅读中感受幸福。我喜欢在书海中寻找教育的方向与心灵的慰藉。早在当班主任之前，我就喜欢阅读有关班主任工作的著作，第一次接新班我就感受到成长的野百合站在前人经验基础上的妙处。

一次打击让我觉得生活都灰暗了，无意中我打开了张万祥老师的博客，老师的自传我读了一遍又一遍，从中感受到了一种从未有过的力量。

教育家拥有我没体验到的幸福与快乐，他们诠释了教育是件幸福的事。为了拥有这种幸福，我会一直追寻下去。

【我的教育理念】

把所有付出看成获得，默默地积蓄成长的力量。生发这种力量是为了成为更好的自己，去找寻教育这一美好事业中更多的幸福。从教如百合绽放，默默而从容，开在三尺讲台上，开在别人的生命里，哪怕在悬崖峭壁也能散发出浓郁的芬芳。

第六辑 执著追求

◇ 无论前行的道路多么艰难，读书、学习都是我们不能拒绝的义务。"咬定青山不放松"，我们就能站立成一道风景线。

◇ 心怀教育梦想，脚踏实践沃土，且行且歌，始终让自己的职业生命处在不断升值的状态。教育的幸福不在别处，就在孩子们那里，在我们心灵的深处。

◇ 努力做一个有教育梦想的人。有梦，就当追逐；追逐，就会有不同的教育人生。梦想的力量，也正是教育行走的力量。

76. 咬定青山不放松

焦美玲

我一直以为自己是一名幸运的老师，成长之路过于平凡，没有曲折动人的故事可讲，唯一值得一说的大概是执著吧。

初为人师，本能投入

因为性格使然，我对学生、对工作有着天然的热爱。从站上讲台那天开始，我就全身心地投入其中。因为投入，所以带出来的学生和我很有感情，成绩也算不错，获得来自校方与家长的认可自然都是情理中的事。在很长一段时间内，我一直生活在最纯净的世界里，享受着别人梦寐以求却又求之不得的教育幸福。那段时间，同学、朋友每每说起我，总是说我不食人间烟火。

遭遇困境，艰苦寻觅

改变悄然而至，2000年偶尔踏入网络，我敏感地捕捉到了"变革"的声音。而教育教学环境的改变，让我原本单纯的教育理想与现实冲突不断。我一方面自觉地开始教育教学改革，另一方面从网络、书籍中寻求思想的突破。

那段时间，我开始拼命读书，希望找到一条捷径。从于漪、魏书生、钱梦龙、李镇西、朱永新，到苏霍姆林斯基、佐藤学等中外教育名家，从孔子、庄子、苏轼到林语堂、南怀瑾，我喜欢的不喜欢的，读过的没有读过的，凡能找到的，不管懂不懂，只管一并吞了下去。

也许自助者天助之吧，在孜孜不倦的探寻中，我幸运地接触到一批具有理想主义情怀的老师，他们的经验给了我许多有益的启示。杭州的郭初阳老师，他广博的阅读、"另类"的课堂，让我看到了教育教学的另一种方式；成都的李镇西、魏智渊、夏昆、陈玉军，四个人四种风格，他们对教育的思考给我以启迪；在深圳私立学校任教的聂传安、刘利勇、袁其顺，深圳宝安区教育局的倪刚、吴名庚等老师，他们的人生追求，给了我很多启发；常州的程代军老师为理想而不惜与原学校对簿公堂的执著与勇气，更给了我很多的鼓励；北京的邓涛、杭州的俞佩枫、开平的刘晓曦等老师，他们的生活态度让我领悟到了教育与生活的关系。

更重要的还是与张万祥老师的交往。最早是在网上读到他的《班主任工作创新艺术100招》，从中偷学了不少东西。2004年张老师网上收徒，我有幸成为张老师当时的13名弟子之一。从拜师至今，8年时间里，我因为家庭、身体、孩子等种种问题，不止一次心生退却之意，但张老师却始终不肯放弃。当面的热情教导，电话、网络上的督促要求，每每我想退却时都会心生愧意，于是又重新振作，继续追寻。

有人说，态度决定一切。23年的执著追求，让我收获了巨大的教育幸福——见证着一届届学生的成长，分享着他们从青涩到成熟的快乐，实现着作为教育者的人生价值。

【我的教育理念】

作为教师，我们应该比其他人有更强烈的责任感，因为我们在带领这个世界上最强大的力量不断成长。从某种意义上说，我们随时都在改变世界。所以，无论前行的道路多么艰难，读书、学习都是我们不能拒绝的义务。"咬定青山不放松"，我们就能站立成一道风景线。

77. 教育生命的突围

侯登强

人的生命在有压力的状态下才会更加具有张力。

我的教育生涯是从一所农村小学开始的。我一帆风顺，仅三年时间就从班主任做到了校长。忙碌之余，总感觉自己走了一条不属于我的路。2006年，我参加首届国家远程培训，听到刘良华教授的讲座。"人要始终处在不断挣扎的状态。"我决定试着改变——生命的突围。

辗转到了一所新的学校，一切都需要适应，我感到难言的压抑。在别人忙于打扑克、聊天的时候，我进行着自己的阅读和写作——有些另类，固执地坚持自己的教育梦想，我准备开拓出一块属于自己的天地。

那时候，我的生活简单而充实，和孩子们相遇的那种奇妙感觉始终围绕着我。一个笑容，一张纸条，一次问候，都足以让我回味良久。我相信每个孩子都是带着故事到学校来的，帮助他们编织更美好的生命故事是我的责任。有时我是"消防员"，耐心地调解孩子们之间的"纠纷"；有时我是"警察"，对于班内的突发事件"立案侦查"；有时我是"坏人"，牺牲自己的光辉形象以化解孩子们的"恩怨"……徜徉在孩子们的世界里，我获得了久违的职业尊严感和成就感。

不断地阅读教育专著，近乎恶补般的疯狂，从李镇西、魏书生到苏霍姆林斯基、陶行知；从国内的教育文集到国外的教育经典，一本本读来，我聆听到了自己专业成长的拔节声。喜欢思考教育问题，喜欢探究教育方式，喜欢在和孩子们相处的时间里尽情感受教育的芬芳。白天，工作、阅读；晚上，伏案写作，那些带着温度的故事，暖着我的每一个夜晚。我的博客"随火车远行"见证、记录了我的心路历程。

在前行的路上总能遇到帮助我成长的"贵人"。北京的李茂先生专程来济南和我长谈，并推荐我在《中国教师报》开设了专栏——"教育的温度"，通过这一平台向更多的老师讲述我和孩子们的故事；台湾的林士真教授和张世宗教授经常来邮件鼓励、指导，让我感激不尽；泰安的孙明霞老师是我在一对一优培计划中的指导老师，她时刻关注着我的成长。与这些教育学者、专家的近距离接触、探讨，丰盈了我的教育生命。

自2008年以来，我构建起了"实践、阅读、写作"的教育生活，先后有近百篇文章发表在各类教育刊物，有幸成为《中国教师报》专栏作者、《教师博览》首批签约作者。我的博客得到《北京教育》的推荐，我的教育理念在《教师博览》封二上得到了推荐。承蒙生命化教育团队的推荐，我荣获2011年度云南省"三生教育优秀人物"。

喜欢"生命的突围"这种言说。我的生命突围不是向上，而是向下的，把满腔的热忱涌向天真烂漫的孩子，和他们在一起，收获生命的感动与升华；我的生命突围不是向外，而是向内的，转向自己的内心深处，时时审视自我，倾听自己最真实的声音，随着我心而飞翔。

【我的教育理念】

一个好的教师始终要保持一种挣扎的精神状态，不断突破现实的禁锢。心怀教育梦想，脚踏实践沃土，且行且歌，始终让自己的职业生命处在不断升值的状态。教育的幸福不在别处，就在孩子们那里，在我们心灵的深处。

78. 我追索，因为我欠缺

申淑敏

17岁，人生的花季，正在备战高考的我，由于妈妈和奶奶在20天内相继去世，美好的天空彻底坍塌了。贫寒的家境、幼小的弟妹、瘫痪在床的爷爷，以及在外地工作且憔悴不堪的父亲，都让我无法再坚持上学了。万般无奈中，曾立志成为全村第一个大学生的我，怀着无法实现大学梦想的深深遗憾与哀痛，回到母校做了一名民办教师，接管初三数学课并做班主任。

20世纪70年代末，贫穷落后的山村学校消息极为闭塞，教育教学观念也很落后，加上自己毫无经验，面对刚刚起步的初三教材改革，我不懂得几何、代数要同步教学。在校领导"你看着办"的精神指导下，由于我只给学生讲授了代数，导致在期末全乡统考中成绩极差而成为一大新闻。乡领导的点名批评，其他学校老师像看怪物一样鄙夷的眼神，让我羞愧得无地自容。

痛定思痛，我深深地认识到：不管客观条件如何，关键还是在自己，无知和无能不仅自取其辱，而且还会误人子弟。初为人师的教训，就像一根无形的皮鞭在时时抽打着我，催我奋进，促我努力，逼我"卧薪尝胆"。

在以后的日子里，我咬着牙，狠着劲，壮着胆，走上了一条常人难以想象的求索之路。曾经，周日冒着大雪步行几十里到县图书馆抄资料，当图书管理员提醒要下班时，我才想起一天只下肚一个窝窝头；曾经，厚着脸皮哀求乡中心校领导，一周能允许我进他们学校听一节课；曾经，我坚持每周与学生写同题作文，常常被语文老师选做优秀范文在年级展示而被学生崇拜；曾经，一学年结束，乡文教领导抽查我的教案，看到字迹工整、环节齐全的17本教案时发出难以置信的惊呼；曾经，在实验"五步教学法"时,由于让学生做小老师轮流讲课,学生自学的积极性空前高涨;曾经,在实验"测验三步曲"时,由于让学生自己出题考自己,学生高喊"伟大的申老师万岁!"……

在第三个年头的中考中,由于我带的班总成绩名列全乡第一,考上重点学校的学生破了学校的记录,我被评为县"新长征突击手"、"三八红旗手"。

"土八路战胜正规军"又成了一大新闻。

光环下,我时刻叮嘱自己是个"土八路";荣誉中,我时刻想到自己的欠缺。正是由于这种不满足,正是由于这种自我惕厉,潜心读书成了我最大的爱好。1989年,当弟弟妹妹们都长大成人后,我以优异的成绩考入大学,完成了梦寐以求的本科学习。

"全国优秀教改教师"、"全国素质教育先进工作者"、"全国十佳班主任",每一个荣誉背后都铭刻着我上下求索的印记;"上海市人才引进"在我面前展开了新的画卷,全国众多地区邀请我做"班主任工作艺术"专题讲座让我享受着成长的幸福;而对教育事业发自内心的热爱,则使我更坚定了前行的脚步。

【我的教育理念】

海阔凭鱼跃,天高任鸟飞。这个海是一个人心中的海,这个天也是一个人心中的天。心有多大,他的天空就有多高;胸有多宽,他的海洋就有多深。许多人都会遇到逆境,关键是看你在专业成长遇到挫折时,能否以卧薪尝胆的精神挺起不屈的脊梁,能否一直保持一种仰望和探索的姿态。求索是一种历练,也是一种收获。那些生活的坎儿,迈过去了,迎接我们的往往是一片风轻云淡的晴朗天空。

79. 吾将上下而求索

牛瑞锋

"高高的兴安岭，一片大森林，森林住着勇敢的鄂伦春……"

踏着鄂伦春民歌的优美旋律，扔掉了"男怕入错行"的感慨，我勇敢地走进了充满诗情画意的教育世界。

宏厚的男中音，富有激情的言辞，很快就征服了那群淳朴的"獐狍野鹿"。我被孩子们吹捧着，信奉着，他们俨然是我忠实的"牛粪"。始料未及的是，那些在我课上生龙活虎的家伙们，在其他课上却成了东倒西歪的瞌睡虫。痛定思痛，我意识到教育不仅需要激情，更需要理性。淡化激情的鼓动，寻求更理性的关怀，成了我那个阶段的追求。下班后甜言蜜语的二人世界，变成了"谈经论道"的教育探讨与争论。探讨与争论最终以一篇《"二表一规"学生自主管理》的论文作为见证。参评，一个国家级论文一等奖的证书寄到了学校。校长在全校大会上的溢美之词，让我得意了好一段时间，因为那篇文章是学校建校 25 年来的第一篇国家级论文。

渐渐地，我扔掉了为博取赞誉而存在的虚荣，开始了追寻教育名家的征程。魏书生的民主与科学，让我从繁杂琐碎的日常班级管理中走了出来，让我有了阅读与思考的空间。李镇西的《心灵写诗》让我体会到了人文教育的温情，同时也教我学会了给学生写信，让我实实在在地走进了学生的心灵世界。"书犹药也，可以治愚。"阅读让愚钝的我想法越来越多，眼界越来越宽。渐渐地，苏霍姆林斯基、杜威、陶行知等教育家的著作开始在我的书桌上出现；《论语》、《庄子》、《弟子规》成了我的枕边书。我利用自习时间开设"老牛论坛"，进行"心灵慰藉《论语》拷问"、"逍遥人生与庄子共翔"的系列讲座。把《弟子规》改编为我班的"师生规"。不知不觉间,我所带的班级成了很多学生与家长向往的班级。在自鸣得意的操作中,我渐悟到:对于班主任来说,"仁"是基础,"智"是方法与手段,"勇"是动力;一名优秀的班主任应该是一位"三不"(知者不惑,仁者不忧,勇者不惧)教师。

万玮的《班主任兵法》,既让我找到了论坛学习的新途径,还让我以"班主任不仅要智谋、权谋,更要人谋"为主导思想的《班主任真经》成为"K12"教育论坛热帖之一,后更名为《班主任的智慧》出版。网络带给我最大的收获是认识了我的师傅张万祥。4年来,张老不顾病痛先后给我写信20多封,寄书12本,每本书上都有让人心潮澎湃的赠言。在张老的鼓励下,我发表了40多篇小文章,成了《班主任之友》的封面人物,成了郑学志、郑立平、李迪、钟杰等人组成的"学术共同体"中的一名"小兵"。

"路曼曼其修远兮",我坚信:余虽不敏,诚则足矣!

【我的教育理念】

"知者不惑,仁者不忧,勇者不惧","仁"、"智"、"勇"三位一体,是一位优秀班主任必须具备的素质。"一个人如果心中能充满对人类的博爱,行为能遵循崇高的道德律,永远围绕着真理的枢纽而转动,那么,他虽在人间,也就等于生活在天堂中了。"我决心将三者完美地结合起来,进而实现我的"权谋、智谋,更要人谋"的带班理念。

80. 有梦，就当追逐

贺华义

18年前的那个高考志愿，我想起来就不甘心。当时的年少轻狂、非一流学校不填也不上的我，结果被扔到了师范院校。从未想过自己真的会做一名教师，后来却还是站上了三尺讲台。色彩斑斓的梦，一一被击得粉碎。第一年的教师生活"忽的一下"就过去了，虽然课教得不错，但灵魂却在漂泊。

"我的一生，一定不能就这样度过！"那年暑假，我抱了一大堆书，把自己关在屋里。不曾想，唤醒我的还是有关教育的书刊——《人民教育》。上面的"故事"还真不少：平凡中见伟大的，爱教育如爱自己生命的，做教育做成名做成家的……杂志里，还描绘了教育的宏图远景，还有对新的教育追梦人的深情呼唤。当时，门外仿佛透进了一丝凉风。我的教育之梦，从此开始苏醒。那个夏天，我把大学里的《教育学》、《心理学》、《中学物理教材教法》等"吃得精光"。新的学年开始，我把我的教育梦想注入教育实践之中："第一名"有了，"学生最爱的老师"有了，"处女作"有了，"市区局领导的赞赏"也有了。

接下来，我又有了更远大的教育梦想——成为一名最好的物理老师，一名最优秀的班主任。（我同时担任了学校教务主任一职）在我和我的搭班们的共同努力下，三年的时间，我们的学校一下子成了当地的"知名学校"。

梦，继续向远处漫溯，我甚至看到了一缕霞光。我每天坚持写我的教育教学反思，同时还收获了一篇篇"铅字"，所带的班级也有了更大的名气，甚至向外辐射"正向能量"。2006年，我入驻了"班主任之友教育论坛"，开始了我的网络教育记事，那里有张万祥老师、李迪老师、郑立平老师、郑学志老师……我又加入了"新教育在线",那里有朱永新老师、李镇西老师、万玮老师、魏智渊老师……我的眼界变得更加宽阔,我的教育智慧变得丰富起来,教育方法多了,教育创新的冲动和行动一个接着一个;我的班级工作也做得更加有声有色,别人能做的我能做得更好,别人不能做的我也可以试着突破;与此同时,我还精心研读了一些有很大影响力的教育专著,每一本都让我爱不释手,每一本都向我的体内注入强大的"教育能量";我还在不停地写,在读和写中,我逐渐找到自我,做了我自己喜欢的教育。

教育局选我做"班主任宣讲团成员";所带的班级也小有名气,引起了更多教师和一些媒体的关注;我的教育博客也有了数以万计的浏览量;班级故事发表了,班级活动上报了。我所带的班级实践并实现了自主化管理,我成为全国班主任成长研究会核心成员之一;2010 年,《班主任之友》约我上了杂志的封面,我成了"班主任教育论坛"的版主,几个报刊约我做了特约编辑,甚至开始有了外出讲学的机会;我的第一部教育专著正在印刷之中……

【我的教育理念】

努力做一个有教育梦想的人。有梦,就当追逐;追逐,就会有不同的教育人生。梦想的力量,也正是教育行走的力量。

81. 追求，不应停止前行的脚步

宁 杰

1993年毕业后，我被分配到了本县最偏远的一个乡镇。由于那里荒凉、偏僻、艰苦，没有人愿意去那里，更没有人愿意待在那里。我死心塌地地在那里扎下了根，很快就成了一名年轻的"老教师"：每天除了简单地备课外，就是坐在办公室里闲聊，放了学就疯狂地打球、喝酒；班级管理也是简单得很，打骂是唯一的教育方式，班主任独裁是唯一的管理方式；尤其是到教导处工作后，竟连课也不备了，照本宣科成了上课的常规。

2001年春天，一个偶然的机会让我到外地听了一节公开课，我猛然发现课竟然还可以那样上，学生竟然还可以那样引导。回首一望，浑浑噩噩的整整8年悄无声息地飞驰而去，我感到很心痛。我希望能像讲公开课的老师那样教学生。幸运的是，下半年我调到了一所新的学校。在那里，有浓郁的学习氛围，有积极的教师团队，还有一套带着小院子的房子。我以为，这就是我的归宿了。于是，我专心工作，潜心学习。2002年夏天总结的时候，我发现这一年里读的书竟然比先前8年读的书还要多，并且我也开始了写作之旅，喜欢上了教研。

2003年，我市又新建了一所学校，面向全市招聘150名具有"教学能手"称号的教师。毋庸置疑，那将是一个名家云集、高手林立的地方。为了让自己走得更远些，我毅然报考，并有幸被录取。在这里，虽然我默默无闻，但我始终没有停止前进的步伐：积极教研，向名师请教上课的技巧；虚心请教，学习名班主任的班级管理秘笈；努力学习，打造丰厚的文化底蕴；积极反思，突破制约发展的瓶颈……尤其是加入了知名特级教师郑立平老师创建的"心语"团队后，我的专业发展有了一次质的飞跃：

每月读一本书，每周参与一次话题讨论，每周听一次"老班话幸福"讲座，每年参与两次大型的全国名班主任面对面交流……

夜深人静的时候，就是我开始学习的时候。伴随着时钟的"滴答"声，一篇篇教育随笔完成了，一本本书读完了。慢慢地，我与那些优秀教师的距离近了。

工作近 20 年了，回头望望走过的路，坎坷而漫长；抬起头向前看看，前面的路依然坎坷，没有尽头，但我会慢慢前行，因为我一直没有停止前进的脚步。

【我的教育理念】

不管前进的幅度大与小，只要前进就比原地踏步好；无论做的多与少，只要做就比不做强。有意义的人生就是不断追求进步，充实的工作就是要做一些实事。成长与发展是自己的事情，需要调动起自身的主动性和积极性。每天进步一点点，再高的山也会被我们踩在脚下，再长的路也会被我们甩在身后。

82. 只为心中的芬芳

刘 霄

1992年6月，作为学生党员的我，被分配到南麻镇侯家官庄教学点。学校坐落在山顶上，只有11间黑漆漆的教室，自然形成的高低几层的所谓校园，没有院墙，一根直立的木杆上挂一口老式铁钟，教学设施更是一穷二白。

说实话，工作条件的简陋，课余生活的贫乏，都让我倍感失落。可我知道，地地道道的农民父母是没有能力让我离开这个地方的，我只有努力工作，赢得领导赏识，才有可能调走。我的情绪很快被调动了起来，我被山村孩子们表现出的淳朴与真诚、对老师的依恋和喜爱深深地感动着。期中考试后，本想应付性家访几家，可当我走进每一个家庭时，家长都诚恳地招待我，无论如何不让我走，虽是家常便饭，可这份热情让我怎敢懈怠？我喜欢上了这里的一切，为了学生、家长的那份情。

业余生活匮乏，让我有足够的精力和时间学习，好胜的我倍感自己的浅陋与无知，于是教育大师作品、经典作品走进我的生活，成了我的挚友。一有时间，我就像一个如饥似渴的书虫，一头扎进书堆里，与日月星辰相伴，在知识的海洋里贪婪地咀嚼。直到1996年10月17日，这个教学点撤消，我才离开，在这里养成的吃苦耐劳习惯让我受益终生。

我的工作得到了大家的赞赏，但我知道教育这门艺术博大精深，需要有心人的不断探索。有段时间我发现早恋学生特多，为什么早恋？有没有好的解决策略？我思索着。调研了近100多名学生后，我尝试着总结提炼，撰写的关于学生早恋的原因与对策，发表在了《山东教育》上，这让我兴奋不已，点燃了我创作的激情。当别人闲着聊天时，我研究学生出现的问题；当别人牢骚满腹时，我寻求问题的最佳解决策略；当别人休息散步时，我沉迷于读书学习；当别人玩网络游戏时，我积极利用网络学习课件制作，浏览网上的最新动态、最新理念，充实自己，开拓思路和视野。

学生出现的问题逼我思索、逼我研究，在实践中我不断成长起来，被评为全国优秀班主任、山东省首届十佳创新班主任、国家级远程培训辅导教师等，2007年《山东教育》等曾以封面人物做过重点推介。

2007年12月，我市依托中国教师研修网来培训教师，我成为培训班级的辅导教师。我很纠结，平台很陌生，怕干不好。但是，我慢慢地喜欢上了这个研究平台。在这里学习，既可以进行心灵的交流，又可以享受到浓浓的友情。我沉醉其中，把休息时间变成了学习时间，最后竟成了一种习惯，我学习着，收获着，幸福着。

我深知自己的肤浅，为了永葆教育激情、追寻教育梦想、创造幸福人生，我多次自费外出追随名师成长。我痴情地行进在追寻教育真谛的途中，无论是鲜花还是荆棘，我都以欣赏的心态对待。一路走来，一路歌。

【我的教育理念】

困境是否能击垮人，关键看心态。只要我们坚持心中的梦想，保持积极的心态，困境都会呼啸而去。应该学会享受那些我们无法抗拒的痛苦和磨难，每一个经历都在塑造着我们。无法改变恶劣的环境，但可以通过多种途径充实壮大自己，让自己从中寻找到乐趣，体验到成长的幸福。"不为世人的欣赏，只为心中的芬芳。"

83. 随时出发都不晚

刘盛柔

中师毕业后，我回到山村当小学老师。在那段如阳光般明媚的青春岁月里，整天和那些比我小不了几岁的大孩子们混：要么一起爬山，要么骑着那辆破自行车带他们疯狂去游玩，要么和他们一起在学校旁边的操场边挖块地种空心菜。

送又一批孩子走出大山，我觉得往日热闹的小学校园很寂静。去县城买回了成人高考书，之后一年就忙于复习。接下来那年秋天，我进梧州师专中文系又当起了学生。师专两年，我疯狂地迷上了文学，恨不得把所有的时间和精力都花在读书、写作上。晚上宿舍关灯了，我还要在路灯下熬夜。那两年，有数十篇散文、通讯在《广西教育报》、《梧州日报》等省市级报刊发表。

师专毕业后，我挤上了南下的班车，来到了东莞。在拥挤的人群中彷徨了几个月，最后我以代课教师的身份进了一所小学干起了老本行。之后，东莞的小学陆续实行联合办学，我和许多代课教师被解聘。2009年，我和东莞2000多名代课教师一样，通过考试、考核，变成了合同制教师。

漂泊在这座城市，一晃已经10多年。虽然一直勤奋地工作，但是，因为不知道该如何提升自己的专业素养，所以，自己的教育教学水平和刚出校门相比其实没有太大长进。

于是，在年近40的时候，我又重新出发。在办公室，我抓紧时间阅读教育教学类期刊；回到宿舍，就阅读教育教学类专著。因为女儿才几个月大，我就抱着孩子，把书放在桌子上读；学校组织教师出去旅游，我把书带在包里，坐在饭桌前等上菜的几分钟又拿出来读。我利用一切可利用的时间读书，以每个月3本书的速度，贪婪地吞噬着我早就应该学习的一切。

很惭愧，直到 2011 年我才走进网络论坛这座"富丽堂皇的宫殿"："K12"教育论坛、人民教育出版社小学语文论坛……我疯狂地迷上了网络，在论坛上向专家请教，向全国优秀的同行请教并与他们交流、论战，在论坛上发表自己的随笔、读书笔记。

我的出发点和终点都是我的学生，所以，我一边思考从书本上学来的东西，一边在学生身上践行，再在实践中修正。更重要的是，我改变了之前只追求分数的目标，真正走近学生，学会尊重他们、关心他们、帮助他们，努力营造一个温暖的集体，试图让他们有一个快乐的童年。

我采取朱永新教授和李镇西老师的建议，坚持写随笔。有时白天在办公室写，但更多的是在夜阑人静的时候写。

我相信，有了目标，有了追求，不管什么时候出发，都不会晚。

【我的教育理念】

当自己真正感觉到一无所有的时候才会明白，精神的迷茫和物质的困顿一样让人痛苦。

把教育当成自己毕生的事业来追求，无疑使我的人生有了方向，使我的生命也充满乐趣。

只要你愿意，随时出发都不晚。

84. 我一直在坚持不懈地努力

刘令军

一个人的成长，总有一些机缘，这些机缘将是个人成长的起点。回顾我的成长经历，我觉得有三个促使我成长的重要机缘。

第一个重要的机缘是2006年，我参加了教育部组织的第一次全国中小学教师的远程培训，当时使用的网络平台是新思考网。

在这次培训期间，我在新思考网上建了博客，把带班过程中发生的每一个有价值的教育故事、教育片段、教育思考都记录下来，放在我的博客里。

建立博客，是我写作的一个转折点。在新思考网上，我有幸遇到了华东师范大学的周彬博士，他经常推荐我的文章，对我的激励很大。从2006年到2008年，我一共写了100多篇教育随笔，50多万字，我坚持将自己的所见所闻所想记录下来。那些文章是我起步的"基石"，这些原始的资料后来都成了我教育写作的重要素材。

2008年，又是一个重要的机缘，我结识了《班主任之友》杂志。

2008年暑假，当地的一家国营煤矿的子弟学校移交地方管理，我原先的学校与这所学校合并，称为煤城中学。全新的煤城中学接受了国营煤矿子弟学校所有的资产，一下子成了全县教学设备最好的公办学校。而对我诱惑最大的，是学校的图书室和阅览室。在阅览室里，我第一次见到了《班主任之友》这本杂志。

煤城中学的阅览室里，保存了从2000年开始的所有《班主任之友》杂志。我每月借10本，用了不足一年的时间，我就将学校阅览室里所有的《班主任之友》都读完了。从此与《班主任之友》结下了另一段机缘。

我成长的第三个机缘，是创建了"教育预案草根研究"团队。

从2008年开始进入"班主任之友"论坛，我开始写自己的教育叙事。在这里我结识了很多网友，他们给了我很多帮助和鼓励，使我有信心和毅力坚持写作。

后来，我在"K12"教育论坛里结识了深圳的方庆、江苏的肖健、江西的邱林等。我们几个志同道合的网友聚在一起，就想着做点事。于是，我们以"班主任之友"论坛为基地，创建了一个"教育预案草根研究"的QQ群。

我们的团队为什么取名为"教育预案"呢？是因为著名的教育专家王晓春老师说过一句话："现在很多一线的教师，在教育的现场总是表现得缺乏临场智慧，手忙脚乱或者手足无措。希望有人能为他们多准备几种预案，但是至今还没有人来做这方面的研究。"我们的团队正是以这句话为动力，确立了自己的研究方向。2011年《班主任之友》的七、八月合刊，以"用行动填补空白"为题介绍了我们团队的研究情况。

辛苦了这么多年，我的感受是：一线教师做一点事真不容易，但只要坚持不懈地努力，就一定能达到意想不到的高度。

【我的教育理念】

"简单、快乐、做得到"是我多年来追求的一种教育境界。我用三句话来解读这七个字：简单是一种能力，快乐才是成功之母，"做得到"（一个人有能力去做这件事）才能"做得到"（是指一个人的行动力，也就是说这件事他凭自己的能力做好）。经过将近十年的"修炼"，我形成了"简单、快乐、做得到"管理风格和教学风格。

85. 与艰辛、快乐同行

刘巧云

我认为,既然选择了教师这一职业,那就把它作为丰富自我、完善人生的幸福之旅吧!这样,职业中的酸甜苦辣都会是一笔财富。

从职场一路走来,我的心路历程历历在目。

初入职场——新奇、热情

1993年,带着对教师职业的憧憬,带着满腔的热情,我走上工作岗位,做了一群乡村孩子的"头儿"。那时觉得有使不完的劲:课间和孩子们聊天谈笑,给学生补课,踏着星光回家,休息日围坐一起唱歌、游戏……那时觉得什么都值得探索:学生一个小错误让我琢磨许久,一个小变化引我寻找根源,一个小进步让我感动不已……与质朴的乡村孩子朝夕相处了7年,充满新奇与感动。

久在职场——困惑、抱怨

2000年,带着不舍离开乡村小学,我走进了一所市直中学继续班主任之路。人际关系的错综复杂,教学高手的居高临下,青春期孩子的叛逆不羁……很多未预设到的困难接踵而至。"我不能松懈,一刻也不能怠慢。"在一种潜在压力中,我如上满发条的钟表不停地运转着,班主任工作事无巨细,我都要全部包办。"四勤"是我的行动指南,即早出晚归,苦口婆心,带病坚持工作,每天高负荷地运转。真诚地对待着每一名学生,班级工作得到了领导、家长、社会的广泛认可。可是,倾尽全力却不能转化个别学生留给我深深的困惑,超负荷工作带来的一脸病容倦意令我苍老，一些闲言碎语让我脊梁冒着寒气，一些不公平的待遇让我心生抱怨。

8年里，我身心俱疲，我知道自己出现了职业倦怠。

反思职场——学习、接纳

在困惑、抱怨中我苦苦挣扎于自我发展的瓶颈期。2008年，一次偶然的机会，我参加了"家庭教育高级指导师"的学习，随后我又考过了二级心理咨询师。两年间，一次次聆听精彩的讲座，和智者交流，领悟教育的精髓，参与咨询互动，我的心被明丽的阳光照耀着。学习中，我最大的收益是"接纳"——接纳每个人的与众不同，不再苛求每个人和我一样。因接纳我变得平和，褪去了功利心，对一些人和事多了一份感念之情。

心态的改变带来了关系的变化，班主任工作中原有的一些困惑也迎刃而解，"把握当下"成了我的生活理念，抱怨之意越来越淡。

幸福职场——成长、快乐

班主任工作依旧在做，而今成长成了主旋律，快乐成了主基调。在讲座中锻炼，在交流中吸纳，在读书中深思，在写作中提升。文章见诸报纸杂志，公益讲座服务社会，事迹被报道宣传，荣誉见证着成长。被学生誉为心目中的"完美老师"令我久久感动，一捧鲜花、一张贺卡、一个深情的拥抱、一个90度的鞠躬、一盒润喉片……都给了我最大的快乐。

【我的教育理念】

在班主任工作中，艰辛与快乐同行。只有无悔于自己的选择，才能沉醉于自己的事业，才能乐享职业的幸福。班主任需要用爱养爱，用德传德，用情怡情。班主任应该有一个强大的"场"，让自己的幸福、积极、快乐吸引学生走向人格的完整和健康。

86. 尊重内心拔节的呼唤

潘 颖

2010年，已经44岁的我忽然感觉不到当教师的幸福了，甚至怀疑自己"精神分裂"——每天心中想着学生的种种好，看到的却是他们这样那样的毛病。无奈之下，我把厌倦感释放在博客上，叙说内心莫名的纠结。有时，还会像祥林嫂一样诉说工作中的苦恼。亲人、朋友劝我说："你职称早已评上，课也无须深究，班主任工作也算小有成绩，一切都称心如意，只需再应付五六年就可退居二线，安享清闲，直至退休，多好的事情啊。"感觉他们说得也有道理，于是我期盼时间早点流逝，好尽快归隐到"买买菜，做做饭，打发时间享清闲"的日子里。

日子熬着过，内心又怎能有快乐？我常常扪心自问：难道我真的老了？我的生命之秋如何才有生机？

这年夏天，在《班主任之友》杂志上看到一则要在济源召开自主化研讨会的启事，抱着极端怀疑的态度，自费来到了济源，见到了论坛上许多一线的普通教师。在聆听了他们大胆创新、实施实验的经验，感受到他们的职业幸福之后，我愕然而欣喜：原来，教育可以一路花开，一路高歌；可以温情脉脉，诗情画意；可以润物无声，多姿多彩。原来，从事教育这么多年，我其实并没有认真思考过教育的本质是什么，只是把它当做养家糊口的职业，在世俗中追逐着，所以，职业倦怠是早晚的事。

教育是什么？叶澜教授说过，学校教育是直面人的生命，为了人的生命质量提高而进行的社会活动。我自己的职业信仰好似一潭死水，单凭一腔热血和所谓的对学生的爱去从事教育，又怎会一朵云推动另一朵云，一个灵魂唤醒另一个灵魂呢？我忽然发现，我的内心并没有沉寂。无论我从教多少年，也无论我年龄几何,我仍然想要成长,因为我是一个生命!因为和我一起行走的也是生命,我需要成长,他们也需要!

成长需要突破重重阻碍和迷障,觉醒意味着饥渴。内心拔节的呼唤促使我大量阅读专业成长的书,开始参与团队的专题研讨,开始回归自己的真性情,不再居高临下地俯视学生,而是尊重他们的需求。渐渐地,我和学生都呈现出了生命态:读书,汲取营养;反思,调整心态;参与,磨练自己。一年的时间,我的"志博班"在年级名列前茅,家长会次次成功;性格内向、从没发表过一个字的我,大小7篇文章在报刊上发表;主持参与了3次大型团队讲座;书写教育叙事20多万字;当"国培"辅导教师;荣获市优秀班主任的称号。儿子和学生都说我焕发了青春,我自己也感到每天都是新的。

郑立平老师说得对:成长不拒绝年龄。我尊重了内心拔节的呼唤,人生之秋韵也绽放出了美丽。

【我的教育理念】

每个生命都是奇特的,都有美的象征和追求。我喜欢聆听大自然中一年一年更换着新的生命的那种和谐、美妙的旋律。尊重生命中拔节的呼唤,教育就有了方向,老师和学生才能呈现出生命的姿态,相互滋养,一起成长。

87. 悠悠写作路

王教刚

刚参加工作时不会写教育叙事，不懂得课后反思，更不知道教师还要成长，会做的只是埋头苦干抓成绩。干了一段时间后，机械式的工作让我身心疲惫，学生成绩虽有所提高但极为缓慢。看到身边老师都是如此，便顺其自然了。没过多久，实在耐不住寂寞，就想找一个突破口展示一下自己，而在当时信息极为闭塞的农村，哪有这样的平台啊！思来想去，我把目标定格在了"写作投稿"上。

起初的写作仅是为了发表，为了满足内心的一种需求，而这种需求却经历了一个漫长的过程。那年暑假为自己定下了发表两篇文章的目标，假期在房间里憋了十几天，也没有憋出几个字。在杂志上东抄一句，西截一段，最终也没糅合到一起。脑中空空，眼前迷茫的我不知道从何写起。我隐约地意识到教育写作并不是我想象的那样坐在家里说写就能写的，它需要实践，需要思考，更需要积累。没有这些前提条件是很难写出来的，我只好就此搁笔。开学后，我重整旗鼓，开始留心教育工作中生成的每一个精彩细节，耐心记录下了一个又一个精彩故事，写成文章，但还是屡投不中。我再次陷入彷徨，写作的冲动大打折扣，越发感到工作中并没有那么多精彩可写，写作热情开始日渐消退。

就在"山重水复疑无路"之时，我幸运地走进了"班主任之友"论坛，结识了许多教育专家、编辑和网友，在交流中我认识到了自己过去的投稿有些盲目，没有搞清楚期刊栏目的办刊特点，稿子还缺乏新意。

再次拿起笔时，不再仅仅写身边发生的精彩小故事、工作中的点滴经验，而是开始寻找话题，主动地去写。我发现教师职业倦怠心理较严重，于是写下了《感悟幸福》一文并投到了《班主任之友》杂志社。不到一个月，竟发表在《班主任之友》T型台栏目，同期还做了封面人物。得知《中国教师报》正在征集"学生不喜欢的教师"话题研讨，我特意对学校六年级两个班的学生进行了问卷调查，将学生不喜欢的教师类型进行了归类整理，没想到编辑将其刊发在2011年4月份的《中国教师报》的头版头条上。除此之外，在和同事交谈或听课中我发现了许多理念上的偏差，写下了《莫让技巧冲淡思考》、《重视教学中的空白点》，发表在《黑龙江教育》上。在教学工作中，有许多问题困扰着我，我进行了深入的实践和研究，写下了《激发学生自信的几个招式》、《学会等待》，发表在《牡丹江教育》上。

这样，由起初等待精彩的生成、等待经验的偶尔产生、被动地去写，到现在寻找话题、解决问题、主动地去写，稿源自然也就源源不断了。如今的写作不再仅仅是为了发表，更多的是为了成长和兴趣。

【我的教育理念】

写作是教育者最好的成长方式之一。许多青年教师在最初写作时往往不知从何下手，其实"课后反思"、"教育叙事"、"网络研讨"、"话题征文"、"课题研究"等，都是很好的写作素材，教师只要在工作中用心思考、积极实践，就会积淀出许多丰富的营养。

88. 体育老师也可以做成功的班主任

崔建斌

作为一名普通的体育教师，自工作以来，我认认真真备课、上课，唯恐误人子弟，让自己心中不安。同时，作为一名兼职教练员，我与参加比赛的学生不畏炎炎酷暑，不怕寒冬风雪，尽职尽责地训练。现在，我们学校在县级体育比赛中就像杀出的一匹黑马屡创佳绩，我校德育展室中悬挂的奖状相当一部分是体育比赛贡献的。

可是，每到学年结束，我的同事大都高高兴兴地站在领奖台上，而自己却可怜巴巴一无所有，我的心凉凉的。自2006年以来，已经5年了，人一生又有多少个5年？我付出了多少，又收获了什么？

因为情绪不好，原来欢声笑语的课堂变得死气沉沉，我的情绪降到最低点。"现实中的我"和"脑海中的我"在进行激烈的斗争，有一个很强的声音告诉我：不能再混下去了。这些年来，我一直没有做班主任。作为一名教师，如果不担任班主任，那又有什么意思？我要做班主任，我要让自己的人生更有意义。

我如愿以偿地担任了2010级（1）班的班主任。这年年末，我通过网络幸运地走近了我人生中的"贵人"——"追梦书生"郑立平老师，幸运地搭上了他创建的"心语群"班车。从此，我的人生翻开了新的一页。我不会忘记，第一次自费去周村学习，被丰富的知识所吸引，我陶醉了；我不会忘记，第二次去郑州参加面对面聚会，我被"心语"朋友的真诚和浓浓的学习氛围所感动。我深信自己选对了方向，走对了路。我如同一个一无所知的小学生，开始一步步向前走，看优秀老师的话题讨论，阅读老师们的精彩文章，在视频会议室观看优秀班主任的精彩讲座。每一次话题讨论,我都会积极准备文章;每次视频讲座,我都积极发言。我利用各种机会学习,努力提高自己。

写得多了,说得多了,练得多了,原来那个在别人面前词不达意、面带羞涩、性格内向的我,也慢慢大胆起来。因为话题讨论,我拥有了在《班主任之友》上发表一点文字的喜悦;在郑老师的《把班级还给学生》书评网上研讨中,我的书评也幸运地被刊登在《中国教师报》上。在2011年获得"临清市师德标兵"的同时,我在教师节期间也被评为"聊城市优秀教师"。

正像王三阳老师所说:"机会来了,宁愿抓错,不能放过。"我相信成功是给有准备的人的礼物。

走过艰辛而忙碌的2011年,我感到充实而快乐。在新的一年,就像我的网名"风雨无阻"那样,我会一如既往行走在班主任专业成长的道路上。

【我的教育理念】

在人生的十字路口,有"贵人"引领固然是好,但关键是自己要学会不断反思,及时总结,从而找到自己的发展方向,做好自己的人生规划,全力以赴地走下去。这样,你的人生才会越来越精彩,越来越成功。不要去做"说话的巨人,行动的矮子"!

89. 爱上，只一瞬间而已

高莉莉

曾经，"80后"的我不喜欢做老师，更不喜欢做班主任。做好这份工作，仅凭一份责任而已。

2008年10月30日，我满怀信心地来到了省城哈尔滨，作为我市唯一一名选手参加了省里举办的首届班主任专业能力大赛。历时整整一天的紧张初赛，让我筋疲力尽。在158名选手中，我突然觉得自己是那么渺小，小得就像空气中的一粒尘埃。尽管我是那么的自信从容，那么的心高气傲，但也无人注意到我的存在，原因只有一个——我还不是最出色的。结果，我仅获得了一等奖，与特等奖失之交臂，也没有了第二天上台展示的机会。

第二天，我只能作为一名观众，在台下看着20名特等奖选手精彩的比赛展示。比赛结束时，前十名特等奖选手以"职业倦怠"为主题开展了班主任工作论谈。他们骄傲地坐在台上，当聚光灯亮起来的一刹那，每个人都像明星一样耀眼，羡慕的同时我更为自己的失败而懊悔、失落，只是静静地坐在角落里。

"我最开心的是很多家长都争着把孩子送到我的班级来，我觉得作为一名班主任，能得到家长和学生的认可，真的特别幸福。"一位高中男老师自豪地说。

"做老师也许很辛苦，有些人也会产生倦怠，总是牢骚满腹，但我不会。我来哈尔滨参加比赛的这几天，我的学生天天都给我发短信。听说我得了特等奖，他们比我还高兴，纷纷发短信祝贺我，我的手机都快'信息爆炸'了。我感觉自己是世界上最幸福的老师。"一位"80后"女老师幸福地说。

这些我也同样经历着，为什么我从来没有用心感受过呢？不知不觉间双眼模糊了，突然发现原来教育如此美丽！它可以激情似火,也可以柔情似水,它平凡的故事让我泪眼婆娑、心灵震撼,它深邃的思想让我充满了好奇与向往。我彻底地爱上了它!只那么一瞬间。

11月3日大赛归来,我整理着激动的心情与膨胀的渴望,于11月10日在"搜狐网"建立了自己的班主任工作博客,并与省班主任研修博客做了链接。从此,我笔下不但书写着浪漫的生活,更流淌着一份执著的追求。我开始读专业书籍,数十部教育著作都留下了我阅读的痕迹;《班主任》、《班主任之友》等杂志更是不离手。我如饥似渴地阅读着,学习着,甚至都想把一分钟掰成两半用。与此同时,我加入了网络教研团队,开始浏览各大教育网站,并在"K12"教育论坛、"班主任之友"论坛、"黑龙江小学教育"论坛建立主题专帖,坚持书写教育日志,和志同道合的朋友们学习、交流,携手共进。对于班主任工作,我像着了魔一样,深深地爱上了它。

回过头来静静思索,人生中总有几个影响你成长的关键性事件,抓住了就改变了。也许是一件事,也许是一个人,也许是一句话,也许只是一瞬间。

【我的教育理念】

班主任在专业成长过程中,一定会遇到一些关键性的人和事。面对同样的事物,不同的人会有不同的触动,而只有真正能够把握关键并坚持下来的人,才会得到成功的垂青、幸福的眷恋。

90. 没有围墙的教育

孙 雯

"没有围墙的教育"这句发自肺腑的话，是我的教育理想，也是我多年班主任工作的追求。不要认为是我赶时髦信手拈来的话语，这是我原创的啊！要说渊源，还得从30年前说起——

我的故乡在北方，城市中最繁华的当然要数工人文化宫了，里面有电影院和娱乐场所，是孩子们向往的地方。而围墙像故宫外高高的红墙，把里面的建筑包得严严实实，只能通过一座铁门进出。每次看到那高墙，我都想如果拆掉它该多好啊。十几年后，奇迹出现了，围墙拆除了，里面的建筑凸显出来了。多么敞亮，多么美好！成为教育者的我，心中仍然满怀美好——教育就是要尊重学生，要理解学生，要与学生进行心与心的交流，就像没有围墙的文化宫一样，透明敞亮，让孩子们沐浴着灿烂的阳光，在广阔的天地里快乐自由地成长。

短消息1："孙老师，明天我就要成为新娘了，路途遥远，有您的祝福就是我最大的幸福！"这是在上海工作的甜甜发来的信息，想起手把手地教她写字、设计手抄报，想起那漂亮的字体、美丽的图画，幸福在荡漾。

短消息2："孙老师，我喜得贵子，6斤7两，您要当师奶了！"这是在国防部上班的刘刘发来的信息。"老师，从小学到大学，一直是您在鼓励、表扬我，只有在您的眼中我才是好学生。"想起小时候活泼聪明的刘刘发表的第一篇文章，以及拼音比赛获得全区第一名，笑容爬上我的眼角。

短消息3："孙老师，新年好！我当记者了，我写在愿望墙上的理想实现了。"这是在武汉工作的苗苗发来的信息。小时候她动不动就哭鼻子，我还经常到她家里开导她，现在她竟然要去开导大家了。

短消息4:"孙老师,我高考作文得了满分,我报了师范院校,将来像您一样做语文老师。"眼前浮现出酒窝常挂在嘴角的文静可爱的曼曼,我心中油然升起一丝自豪。

短消息5:"孙老师,我被保送上清华了!""孙老师,我被保送上北大了!"自称"黑客"和"白客"的一对小冤家,在竞争中学会了互相帮助,我默默地为他们祝福。

短消息6:"孙老师,新年好!我上了重点中学。假期写了一部长篇小说,您是第一个读者,再帮我修改一下吧!"想起活泼可爱的坐不住的悦悦,我不禁笑了。

一则则热情洋溢的短信,一个个成长烦恼的故事,一段段难以忘怀的教育经历,一篇篇快乐人生的篇章……没有围墙的教育伴我走过春夏秋冬。

【我的教育理念】

从事教育工作20多年,我怀着"没有围墙的教育"的理念做班主任工作。首先,我热爱自己的工作和孩子们,就连一个恶作剧都喜欢。第二,我尊重他们,为他们不断进步与发展而欣喜。第三,我鼓励他们,只要有点进步就让它发扬光大。第四,我循循善诱地引导他们,并期待他们获得成功。"热爱、尊重、鼓励、引导、期待"让我们的心灵充满了阳光,让我们散发出阳光的味道。

91. 教学能力是班主任的立身之本

王立文

班主任是一类特殊的教师，应该具有以下几种基本能力：了解学生的能力、以言动心的说服能力、形成班集体的组织能力、指导班级活动的能力等。什么是班主任立身之本的能力呢？我觉得应该是班主任的教学能力。

很多时候说一个班主任的威信不高，问题可能有很多，但症结往往是这个班主任的教学能力差。一般来说，教学能力很强的班主任在学生中会享有很高的威信，他们也深受家长的欢迎。

学生很喜欢考验班主任，我们可以在作文中看到这样一个场景：一个学生看到奥数书上有一道难题，故意找到自己的班主任去向他请教，然后背地里观察班主任如何冥思苦想，自己暗暗得意。

学生几乎都有询问班主任难题的经历，如果班主任不能解答这些问题，学生就会倍感遗憾，觉得班主任的能力不强，从而导致班主任的威信下降。无论这个班主任的组织能力是多么强，表达能力是如何好，都会被学生小瞧的。

有一天，我去查勤。意如同学正在讲自己父亲的初中数学成绩很优秀。这时，宝翠说："王老师，我给你出道竞赛题，看你能不能做出来？"旁边的姗姗，连忙补充说："王老师，如果你能解答出来，我就奖励你一袋瓜子。"看来她是"看戏不怕台高"，我说："宝翠，你说说题目吧。"宝翠说："8个8加减乘除运算，包括使用括号，使最后的结果等于1000。"这个题目肯定有难度，我说："让我考虑一下。"宝翠补充道："我们让思甜做过了，她列的算式是 8＋8＋8＋88＋888，虽然结果是1000，但将8叠加在一起了。要求应该是8个8单独使用。"

回到家中，我走到书房，拿起笔算了起来。时间一分一秒地滑过，我绞尽脑汁也没有结果。后来，我换了一个思路，用了半个小时想出了一种方法：$(8×8+8×8)×8-8-8-8=1000$。我没有就此罢手，觉得还应该有别的解答方法。于是，我又用了半个小时，找到了第二种方法：$8×[8×(8+8)-8/8]-8-8=1000$。时间已经到了夜里11点，这心满意足地上床睡觉了。

第二天，我把答案交给宝翠，学生们很佩服。夜间查勤时，姗姗要奖励我一袋瓜子，我说："瓜子我就送给你们吃了。"宝翠一把抓住我，非要我接受她们的奖励，我看她们很真诚，如果不接受会伤了她们的心，于是，我就愉悦地接受了她们奖励的瓜子。

如何提升自己的教学能力？首先，大胆向身边的老师请教。在每个学校里都有教学经验丰富的老师，每次向他们请教都会有收获。其次，持之以恒地阅读专业书籍与杂志。通过阅读，学习最新的教学理论、全面的学科知识。最后，勇于承担教学重担，积极参加教学比武、说课等活动。

【我的教育理念】

班主任"征服"学生最佳的途径应该是高超的教学能力。"学高为师，身正为范"，每个班主任都应该修炼好自己的立身之本——教学能力，使自己由一名合格班主任向优秀班主任甚至是德育专家转变。

92. 做重视心理健康教育的新型教师

杨 杰

一个朋友曾经问我:"做了班主任,感受最深的是什么?"我不假思索地说:"尊重学生生命,了解学生心理,与学生心灵相通。"简单的一点收获却是我几年间从失败中得到的总结。

工作之初,我认为教师最大的职责就是教书。我教出的学生成绩不错,但却不领我的情——学生与我的关系并不和谐,因此我很苦恼。为此,我于2003年参加了国家级的心理咨询师培训,2005年完成了研究生课程班学习。通过学习,我发现运用现代教育心理学成果上课,是教师专业化的必然途径,也更深刻地体会到教育活动应是师生共同成长的活动。教育不能只关注让学生学习知识,教育的关注点主要是人。一个真正意义上的教师应该是尊重学生生命、懂得沟通的教师,应该是能挖掘学生潜能的教师,应该是既能教授文化知识又懂得人文关怀的教师。

倾注人文关怀,激发倾诉欲望

文学即人学,语文课堂是要作用于学生的精神和心灵的。面对学生稚嫩的思想,我在课堂上努力倾注我的人文关怀,引领学生与文学作品进行心灵的对话、精神的交流。

倾诉是人的本能需要。学生从懵懂初开的困惑到逐步走向成熟,伴随其间的不仅有生理发育还有情感历程。郁结于胸,这是常理常情。于是我把语文教师与心理咨询师的角色合而为一,在作文教学中还学生以倾诉的快乐。青少年有许多观点跟成年人不同,那就让他们尽情表达。这不仅拉近了我与学生的距离,更使我们之间建立了一种相互信赖的关系。

关注生命成长，善于倾听心声

善于倾听，重要的是倾听学生在倾诉的背后想些什么，为什么会这样想。只有这样，才能与学生进行心灵沟通。一次成功的倾听，不仅依靠教师正确使用心理学技术，更需要教师与学生真诚相待。这样，教师才能走进学生内心，了解学生成长的烦恼。再加之因势利导的深入交谈，则更能促进学生心灵的成长、成熟。

寻求生命交融，无私倾注真情

对于高中生的青春期恋情，我一直坚守着尊重的教育态度，运用助人自助的理念去教育学生。把发自心底的爱化为与学生进行心灵沟通的那份坦诚，把抽象的道理变成具体的人生关怀，谱写出动人的教育诗篇。

教师的责任是什么？该如何选择？是重（知识）还是重（生命）？最沉重的责任会铸就最强盛的生命力。责任越重，我们的生命越贴近学生的生命，它就越真切实在，这就是教育的真谛。

【我的教育理念】

作为教师，我们别无选择，必须承受这一沉重的责任——学生的生命。心理健康教育是教师走近、走进学生生命的一座桥梁，我会继续坚守"班主任首先应是心理医生"这一理念，在我的班主任岗位上继续探索、实践，关注生命、关注心理。

93. 追求·反思·追求

朱雅芳

呕心沥血，追寻教育之梦

20 年前，我背着行囊来到汪家淤完小报到。破旧简陋的校舍没有让我低头，我想自己虽然没有能力改变现实环境，但可以创造机会，通过自己的努力换取全新的环境。

针对当时的教学现状——期末统考分数从高到低全县排名，我开始着力提高学生的学习成绩。课堂上，我丝毫不敢怠慢，作业次次复批。放学后，留下"后进生"一对一辅导。虽然离家只有 15 分钟路程，我却住在学校，以校为家。辛苦的付出，回报也丰厚，我所带班级的统考成绩由倒数第一上升为全乡第一。我被调往乡中心小学任教，环境改善了，学生素质相对更整齐。可我不敢有丝毫懈怠，努力拼搏，所带学生成绩居全县第一。

在注重成绩的同时，我把握每一次赛课机会。我常为查找资料彻夜不眠，为思考教学环节走路时撞上电线杆，如痴如醉。功夫不负有心人，我在各级赛课中脱颖而出，并顺利地调入市区。

忧深思远，直面为师之困

在网络世界，我陶醉了，并有幸成为特级教师张万祥的徒弟。渐渐地，我为师傅的胸襟所折服。在他的引领下，我开始反思自己的教育教学理念，审视平素教育中的教学点滴。比如：准备一节公开课，要花费大量时间和精力，有时候甚至会暂缓班级正常教学进度，对孩子来说是否有必要？如果我把这大量的时间和精力用在某一篇课文的资料查找、提升孩子能力的思索上，对孩子是否更有益？对于学校或者上级部门组织的比赛、夺星等各项能够给班级或者个人评优的活动，自己是否应从孩子的角度进行思考？当个人的利益和孩子的需求产生冲突的时候，是否忽视了孩子的存在？……

以生为本，享受老班之乐

静心反思后，我的追求有了改变。不再盲从跟风争优，不为课题而绞尽脑汁地在键盘上彻夜敲打，不为某竞赛而刻苦钻研，不为多几个学生获奖而沾沾自喜，不为发表文章而熬红双眼，不为争先进而奋力拼搏。

一切只为学生！每篇课文的教学，我必定找足资料，丰厚自己，醉心课堂；每节课后，我必定反思盘问这节课学生在哪些方面有了提升；每一次布置作业时，我都追问锻炼了孩子哪方面的能力；参加上级部门组织的活动，我首先考虑用怎样的形式使每一个孩子都有所收获，至于得不得奖则顺其自然。

我将时间和精力节省下来，踏踏实实地坚守在班主任岗位上，和学生交流嬉戏，享受童年回归的喜悦。组织丰富多彩的活动：教室里煮饺子，包粽子；做创意美食，进行义卖；收集废旧物品，赚钱购买图书；上街义演，进社区用行动和"三寸不烂之舌"宣传环保；到乡下联系场地，开辟种植园地，徒步10公里种植、管理；到户外爬山野营，开展亲子活动……孩子们在老师和家长的帮助下，从活动创意到方案制订，从活动的宣传、联络到实施和总结，都全程参与。

新的追求，带给孩子的是幸福，带给我的又何尝不是轻松和快乐？

【我的教育理念】

我没有很高深的教育理念，心中一直想的是：我是孩子的时候，多么渴望快乐！现在所能回忆起的童年，只有那老掉牙的游戏，穿新衣登台演出的喜悦，以及挑着簸箕参加义务劳动的乐趣。那么，现在的我又能带给孩子们多少幸福？我警告自己：不要让孩子成为老师名利的牺牲品。教孩子6年，想孩子60年。

第七辑 酷爱阅读

◇ 在这个浮躁的社会，我们唯有远离浮躁，回到教育的原点，叩问教育的本质，多阅读、多思考，做一个真正的读书人，才能完成专业素养的原始积累，完成职业生活的提升，才能破茧成蝶。

◇ 带着爱与痛去读书，用生命去体味和感知文字，保留最深的痛与欢乐，将岁月凝结成最美的珍珠。感谢生命中的"贵人"，用爱和信念带给我前行的勇气和力量。

94. 我的德育课程开发之路

谌志惠

2011年6月，在《班主任之友》杂志上发表了《专业阅读，我的王牌我的底气》文章后，在这年七、八期"班主任专业发展"合刊上我又发表了《我的阅读我做主》一文，并主持了专业阅读版块。两次文章刊登，从一个侧面证明我的专业阅读之旅经过积淀，终于散发出缕缕香气。

正是因为如饥似渴地读着《论语》、《第五十六号教室的奇迹》、《人间词话》、《爱的艺术》、《中国哲学简史》和《给教师的建议》这些书，我开始走一条德育课程开发之路，来寻求自身专业发展。

在2010年9月接手高一"惟韵"（2）班后，我开始德育课程实践，开始借助德育课程开发建设班级文化。这条德育课程开发之路对教师自身是一个极大的挑战，因为每一个德育课程背后，都需要教师做大量的阅读准备。

我认为最有特色的德育课程是"爱的三境界"（爱自己、爱他人、爱世界）道德课程。这个课程的目的在于让每一个学生都具有爱的能力，按照"爱的三境界"逐层提升，磨砺人格，培养美好德行；让每一个学生理解爱的艺术，把爱与美结合起来，去追求生命中值得追求的崇高艺术。为了展开这一课程，我阅读了《爱的艺术》、《史怀泽传》、《特雷莎修女》等书；同时，在班级建设中倡导自主管理，大量学习与自主管理相关的班级管理知识，并展开了对自主学习的实践探究。

我感到最有成就的德育课程是外国文化课程。具体做法是从周一至周五，学生每日晨诵一首外国诗。为了展开这一课程，我自己编辑了一本《每日一诗》，设计了8个晨诵专题，涉及的诗人有金子美玲、济慈、叶芝、泰戈尔、狄金森、雪莱、普希金、惠特曼等。辑录的40首诗是我从网上查阅大量资料得来的，有的还写出了解读，帮助学生理解。

我开发的最有情趣的德育课程是中国风系列。有经典文化诵读子课程，有宋词之旅子课程，有百家姓文化子课程，有四季如歌生命子课程。为了展开这个中国风系列课程，我深入钻研《论语》，阅读《人间词话》，阅读李元洛的《唐诗之旅》、《宋词之旅》以及梁衡的《把栏杆拍遍》等，查阅大量资料去了解中秋、重阳、清明等中国传统节日。

当自己徜徉于书海，在阅读的滋养中感受着语文美好、生命美好的时候，那些浸润着书香的德育课程也在每天与学生的生命相邀中散发出极大的魅力。在这条别样的专业成长之路上，我快乐着，幸福着！

【我的教育理念】

在读了弗洛姆的《爱的艺术》后我明白了一个道理：当我们为爱而付出时，不是牺牲自我，而是发展自我、创造自我，是无比快乐和幸福的！而教师选择专业阅读，走课程开发之路，便是一条发展自我、提升自我的绝好路径。走过这一条路径，我们会迎来自身知识结构的改变和生命状态的改变，唯有如此，方能真正赢得幸福、完整的教育生活！

95. "煮字疗饥"另一味

黎志新

夜静更深,我翻阅一本泛黄的笔记本,顺着自己的心踪履痕向成长的河流漫溯。看到站在彼岸的那个"营养不良"的纤弱身影,我总是深深地感激,感谢那段"寒夜读书忘却眠"的日子。而"忘却眠"的原因,不是古今中外的名人大家,而是一个记者笔下的一群普通教师。

那时的我还在广西西部一个小县城教书,贫瘠的土地孕育了"面黄肌瘦"的我。思维定式困住了我:贫瘠的土地上只能生长小草,无法长成大树。这种想法成了我懈怠的最好借口。课堂上,我循规蹈矩地完成教学任务;下课后,我在网络上东游西荡,打发着时光。

某天,我闯进一个教育网站,一篇署名陶继新的长篇通讯《苏静:一个诗意流彩的女孩》映入眼帘。我立即被吸引了,读了一遍又一遍。她诗意的教学让课堂充满快乐,她开放的课堂激发出学生潜能,她带领学生奔向诗词的百花园吮吸营养、采撷花香的教学风格让我激动。我拿出笔记本,在摘录的精彩语段和句子后面写满了批注。

陶继新是谁?身居僻壤的我孤陋寡闻。

他还有什么作品?我急于想往下读。我到书店去找,没有他的书。我到网上书店去查,也没有他的专著。

可是,我渴望这样的文字,渴望了解像苏静这样的同行的教育教学情况。

我苦恼了:陶继新老师的作品,有钱也买不到。

我只好到网吧去,遍寻网络,搜集"陶文",再一篇篇下载,保存到信箱里,然后再到打印店去一篇篇打印下来,汇聚成

"书"。正因为得之不易,所以倍感珍惜——每一篇我都逐字逐句地品读。我的读书笔记越来越厚,它记录着我追随着陶继新老师的脚步走进一所所学校的旅程,记录着我认识一个又一个如我一样普通但却不平凡的老师。他笔下的人物离我那么近,近得可以每天临文而视;他笔下的人物如我一样平凡,每天上课、下课、备课、批改作业。我常常迷失在作者用文字为我营造的世界里,我常常假想文章中某个情景就出现在我的生活中,常常想象我和他们一起工作、一起微笑、一起打招呼、一起享受每天的日升日落。他们每一个人都用平凡的经历告诉我:"先改变自己,再改变环境。"

某一天,当我回头细细清点自己的读书笔记时,惊讶地发现已经有 10 万字之多了。再回过头看那本特别的"书",上面的每一篇文章的字里行间都附着各种颜色的批注。我为自己惊呼:这哪里是读书啊,分明是"煮字疗饥"!生长在贫瘠土地上的我,饥饿得太久了。久旱逢甘霖,换来的是更强势头的生长。

在潜心阅读的过程中,我渐渐生起"见贤思齐"之心,开始向他们学习,广泛阅读,坚持反思,长期写随笔。我的阅读视野更加开阔了,我读了更多的书;我思维的触须伸向更广远的地方,我写了更多的文章;我的教育生活也越发有活力了,我享受课堂的精彩,享受课后的争论……

【我的教育理念】

"煮字疗饥"原指作家为了养家糊口而写作,而我却觉得读书时潜入文字,"烹煮"文字以吸取营养也能"疗饥"。无论生长在何处,只要有坐冷板凳的定力和潜入文字的专注阅读,任何人都能够饱吸丰富的营养,茁壮成长。

96. 最是书香能致远

韩素静

"在读书的路上能坚持多久，将最终决定一个教师在教育的路上能走多远。"这是我常用来自我警示的一句话。结婚时，新房的化妆台上没有化妆品，取而代之的是一排教育教学书籍：张万祥、于漪、钱梦龙、魏书生、李镇西、余映潮、朱永新、李海林、铁皮鼓、王荣生等教育教学专家的著作。这些书在我面前打开一扇窗，让我看到外面世界的精彩，呼吸到外面清新的空气。

曾有一段时间，我进入"愈忙愈不读书，愈不读书愈忙"的状态。当时，我看到一句话："每个人一天都是24小时，8小时工作，8小时休息，人与人的差别就是第三个8小时创造出来的。"这句话给了我很大启发，从此，我注重业余8小时的利用，硬是从繁忙的工作中挤出时间读书。

展开书本阅读，闭上眼睛思考。在书的引领下，我逐渐触摸到了教育的真谛：养鱼重在养水，育人重在育心；真正的教育应关注学生的成长状态，而不是试卷上的分数；教师面对的是一个个活生生的生命个体，而不是马戏团里机械训练的动物……有了这样的认识，我决定让学生张扬个性，还给学生做孩子的权利；努力打造一间温暖学生童年和梦想的教室，让教室成为学生的精神家园和心灵栖息所，让学生以真实的、主人翁的姿态行走在其间。

就这样，我一边读书，一边着手改革：开展"小脚丫走濮阳"活动，让学生在丰富多彩的活动中成长；组建"智囊团"，让学生在团队中收获尊严；鼓励学生说"不"，让学生说"不"时真正长大。几年下来，学生学会了思考，班级特色初步形成，我得以从烦琐的"看班"、"管班"中脱身，有更多的时间读书和思考。至此,我才真正明白"磨刀不误砍柴工"。

为更好地督促读书,我们家设定了"读书时"和"读书日"。每天晚上8点到9点,是我家的"读书时",每周周日是我家的"读书日"。只要没有特别重要的事情,在"读书时"和"读书日",一家三口都要在书房里静静地读书。这样的读书,无论对我还是对儿子,都有极大的帮助和提高。那些书籍为我奠定了成功的基石,为我打开了瞭望外面世界的窗。

阅读一旦养成习惯,就会有不可控制的力量。从此,我的包里总装有一本书,一有时间就拿出来阅读。2009年外出学习的35天里,我整整读了8本书。现在回头看,当年的培训内容早已忘记,可那8本书对我的影响却与日俱增。

我总是相信:读书,会让空虚的日子变得精彩纷呈;读书,会让贫穷的日子流淌出淡定和从容;读书,能涵养精神、润泽生命……因为,最是书香能致远。

【我的教育理念】

班级管理工作具有新鲜性、挑战性,班主任面对的教育场景具有不可预测性、不可复制性。教育无小事,一个细节可能影响孩子的一生,一个眼神可能改变孩子的命运。为此,班主任工作尤其需要艺术性。

在这个浮躁的社会,我们唯有远离喧嚣,回到教育的原点,叩问教育的本质,多阅读、多思考,做一个真正的读书人,才能完成专业素养的原始积累,完成职业生活的提升,才能破茧成蝶。在提升自己的教育艺术的同时,可以让学生走得更远。

97. 让生命在阅读中怒放

王杰英

感谢阅读，让我的生命得以怒放。

扎根母校的十几年，我在拼搏和奋斗中收获了成功，收获了荣誉。但是，不知从何时起，灵魂却开始空虚，就连杂志也没有完整读过一本，更别说其他书籍了，现在想想都觉得心痛！

那年，郑学志老师邀请我一起写文章，我的文章怎么改都改不好，内心焦急而又无奈。给"班刊"的投稿，也总是石沉大海。我苦苦思索原因何在，艾岚姐讲道，一个专业的教师只有多读书，才能拥有智慧的源泉。哦，秘诀在此！接着，我在论坛上看到了张万祥老师推荐给班主任们的阅读书目，犹如久旱逢甘霖，我马上网购了张老主编的《给年轻班主任的建议》、《班主任专业成长的途径》等。收到书时，我欣喜若狂，如获至宝。毕竟，这是我荒芜很多年后再次嗅到书香。当我读到40位优秀班主任专业成长的案例时，我的心灵被彻底震撼了。看着一个个在逆境中坚强成长让生命怒放的同行，我羞愧而又后悔：这么多年我忙碌于琐事，穿梭于三点一线，挥霍了宝贵的读书时光。试问，人的一生能有多少个十年呢？一种强烈的挫败感伴随着不甘沉沦的感情在心中升腾：我不能再这样下去了！我要改变自己！我要与倦怠、干瘪而麻木的灵魂抗争！

坐而言不如起而行。每天备课之余，我就贪婪地读书，每晚坚持录入读书感受。就这样，我从连一个完整的意思都不能准确表达的原点起步了。精诚所至，金石为开。几个月后，我的《做一个幸福的播种者》在《班主任之友》发表。当我收到样刊，看着自己的文字蜕变成了铅字时，那种幸福是无以言表的。文章发表后，我更加坚定了信念，相信真正付出就一定会有收获。买书、读书、写作成了我生活的重要内容。2009年,我在研修网做了《穿越灵魂之旅》的读书报告,写下了1.8万多字的读书感悟。2011年,我的三篇文章分别入选张万祥老师主编的《幸福教师的60个"不"》、《这样做,教师更幸福》。张老师热情地鼓励我说:"我遇到有才华的青年班主任就兴奋,你是有才的,坚持,必有辉煌的未来!"大恩不言谢,唯有让生命有一个丰收的季节,才能回报如张老师一样给予我关怀和温暖的人。

2009年,我成为网师学员,网师的精神不断鼓舞着我,使我逐渐意识到,站在名人的肩膀上,飞翔在智者的禅语里,那种感觉犹如登天之旅。我发觉自己真的变了,找到了生命的亮点,不再懈怠和麻木。

阅读开启了我的灵魂之旅,支撑起我的信念,指明了我奋进的方向,使我收获了生命的厚重。让生命在阅读中怒放!

【我的教育理念】

带着爱与痛去读书,用生命去体味和感知文字,保留最深刻的痛与欢乐,将岁月凝结成最美的珍珠。感谢生命中的"贵人",用爱和信念带给我前行的勇气和力量。"问渠那得清如许,为有源头活水来。"让我们用生命去阅读!

98. 不甘心当一条"可怜的咸鱼"

冯华荣

当班主任的第二年,我曾有过一次刻骨铭心的经历。

那天,我被叫到了校长办公室。在校长的办公桌上,我看到学生对我班主任工作的评价——45分,再看其他班主任的得分,最少的也有85分,这是怎么了?同样是班主任,差距怎么就这么大呢?瞬时,不争气的眼泪逃出了眼眶。泪水中有羞愧,也有委屈,更多的是对自己的怨恨——恨自己不争气:20多岁的人却被一群毛孩子玩弄于股掌之中;恨自己太傻气:为学生操碎了心,换来的却是学生藏在背后的刀子。

现在看来,这件事不大不小,但当时的感觉却是整个天都快塌了。我实在不甘心当一条"可怜的咸鱼",随时寻找翻身的机会。

反思自己的班主任工作,我最早到校,最晚回家,工作上毫不懈怠,事必躬亲,但是,仅仅停留在苦干、蛮干的层面上。实践证明,苦干加蛮干是解决不了问题的,还需要智慧。教育的智慧从哪里来呢?我无从得知。

偶然间,我路过一家书店,脑海里灵光一闪:书店里有没有关于班主任工作的书籍呢?

走进一看,才知道我真的是一只可悲的井底之蛙,班主任工作方面的书籍还真不少,魏书生、李镇西、万玮的图书摆了一长条,我买了一本《班主任工作漫谈》。一进家门我就如饥似渴地到书里寻宝,原来班主任工作这么具有魅力和创造性,用魏书生老师的话来说:"做教师而不当班主任,那真是失去了增长能力的机会,吃了大亏。"当天我就把这本书看完了,还觉得不过瘾,接下来的几天又连续看了好几遍,很多方法都深深地刻在脑海里。我仍觉得不过瘾,又到书店买了万玮老师的《班主任兵法》。万老师的书更是别有洞天,奇招、怪招、妙招、偏招、高招应有尽有,什么"倒转乾坤"、"黔驴发威"让我目不暇接。

我把自己的班级当成一块试验田,把从书籍中采撷的种子播种在自己的田地,看着它们慢慢生根、发芽、拔节,我的心里充满了快慰,我也品尝到了教育的丝丝甘甜。

后来,我又阅读了李镇西、张万祥、郑学志等专家的大量作品,内心竟然萌生了一个十分大胆的想法——我也要争取做一个和他们一样优秀的班主任。虽然这个想法在现在看来是多么的幼稚可笑,但它却是一段真实的心路历程。

"熟读唐诗三百首,不会作诗也会吟。"在与书籍亲密接触的过程中,学生时代最讨厌作文的我竟然产生了强烈的写作冲动,这些年也在各级报刊上发表了不少作品,这不能不说是发生在我身上的奇迹。

后来,学校给每个教师配置了一台电脑,我开始从纸质阅读转向了网络阅读。网络阅读更加妙不可言,它让身处偏僻农村中学的我见识了外面的大世界,我不仅可以读那些教育专家的文章,还可以通过论坛或QQ等方式直接向他们请教,而李镇西、万玮、张万祥老师都成了我的网友。不得不说的是,张万祥老师还成了我的师傅。在他们的指导下,我的班主任工作有了很大的起色。

感谢那次特别的经历,感谢学生赐给我的那个不合格的分数,把我"逼"上了阅读之路。正是阅读,帮助我叩开了成长之门。

【我的教育理念】

萧伯纳说:"你有一种思想,我有一种思想,我们彼此交换,每人可拥有两种思想。"挫败并不可怕,可怕的是封闭自我,甘当井底之蛙。敞开自我,处处都是成长的土壤。

99. 教育幸福路，书香伴我行

赵新勇

从教 16 年，我当了 16 年的班主任。从上任那天起，我就把班主任工作当成了自己的事业。但是，我不知从何做起，本能地努力着，用时间消磨着激情。直到有一天读了魏书生的《班主任工作漫谈》之后，才知道班主任责任大到可以影响学生一生，也从他的教育故事中品味出了当班主任的幸福。于是，买书成了我的最大爱好，李镇西的《做最好的老师》，杨瑞清的《走在行知路上》、《第 56 号教室的奇迹》等等。只要走进书店，我就一定会抱回家几本教育类书籍。

每当闲暇时，抱定一本，畅游在书海之中，被教育名家的风采深深地吸引，尤其是娓娓道来的教育故事和令人叫绝的精彩总结更让我回味无穷。我在敬佩这些大教育家的同时，也增强了信心，梦想自己将来也能像他们一样当一个从容、幸福的班主任。在这种梦想的感召下，我立即付诸行动，尝试着用教育名家所倡导的方案进行教育。

当学生犯错误被政教处逮到扣自己班级的量化分时，我想到了李镇西的名言："学生犯错误，正是引入教育的契机，没有问题，就没有教育。"我允许学生犯错误，告诫自己不要一出问题就头大。当别的班主任因为管理严格而被领导大加赞扬时，我会用李镇西的话告诫自己："管理不是教育，教育需要从容，在从容中让学生学会沉静，在从容中让学生学会做人做事，在从容中激发学生的最大潜能。"

然而，事实并不遂人愿，有时学生是和自己打成了一片，但却是"一片混乱"。受挫的我并没有就此放弃，教育名家的理念不会错，但为什么会有这种理想和现实的冲突呢？我一遍又一遍地拷问自己：教育的人性化是不是与管理冲突呢？难道管理与教育真的水火不相容吗？

我摸索着，沉思着，坚持着。终于，俞敏洪在北大的演讲让我受到了启发。是的，即使是宏伟的金字塔，若丧失了秩序，也只不过是一堆散乱的石头。所以，优秀的班集体就应该是有秩序的集体。问题是，我们如何让它有秩序。如果靠的是约束，即使再整齐，也掩盖不住绳捆索绑的痕迹。然而，如果靠的是人性，靠的是自发的凝聚力，那就会达到完美无缺的境界，也更有利于学生的心理健康成长，有利于提高学生成绩。

于是，我用自己的方法，激发学生内在的驱动力和凝聚力，让班级变得井然有序，让它成为一座"完美的金字塔"！

正是在这些教育名家的陪伴下，我幸福地走在专业成长之路上，并且获得了不少殊荣，如"全国优秀教师"、"河南省十佳班主任"、"漯河市师德标兵"、"学生最满意的班主任"等。在以后的班主任之路上，我依然会以书香为伴，幸福地陪伴学生共度美好时光。

【我的教育理念】

多读书，多思考，与教育名家零距离，才能快速成长，才能跟上时代的步伐，当一个永不落伍的班主任。在班级管理中，如果多一些"用心灵赢得心灵"的教育，把学生犯错误当成教育的契机，当成班主任工作向专业化发展的机会，那就会少许多强硬的管理。这不但能够让班级和谐，也可以让班主任工作变得有趣味。把学生当成"花苞"，用杨瑞清的"花苞心态"来关注他们的成长，就会幸福永伴。

100. 书，助我开发生命潜能

邢奇志

我痴迷于各种书。遇到不同的书，与不同的作者交友、对话，得到不同的启发。书是我的人生导师，带我进门，帮我升级。

"只读"：职业读书

教师世家"熏出"了我爱读书的习惯，兴趣、爱好、性格、才情、职业氛围更契合读书。初当教师，幸遇苏霍姆林斯基《给教师的一百条建议》、《做一个真正的人》和魏书生的《班主任工作漫谈》，经典开启我职业读书的旅程：读名人的人生，读名人的思想，读名人的经验。

按"职业常规"参加教学比赛、教学论文比赛，教育、教学都处于"照猫画猫"的阶段。第一篇获奖论文《高三教学的八大原则》完全是拼凑名师的教学经验，班级管理模式更是直接取名师的方法……书帮我捧牢了"饭碗"。9届高三毕业班教学，16年"名高中"的教学实践，助我成为一个优秀的"教书匠"：省级教学能手、教学比赛的各种奖、优秀班主任。

"只读"职业需要的书，是为了偷师学艺"管住"学生，书成为职业起跳的踏板。

"复制"：专业读书

2003年，我调入苏州草桥中学。偶然中接触了朱永新的《我的教育理想》、加里·芬斯特马赫的《教学的方法》、《教学的勇气》、王东华的《发现母亲》等，豁然帮我打开了"过一种幸福而完整的教育生活"的天窗。

更幸运的是,校长周春良"逼"我写书。连我自己都不敢相信的是,我居然用三个月的时间,写成了教育随笔《在路上》。这是一次全面审视、反省自己教育理念、教育实践的痛并快乐的精神之旅,里程碑式地启动了我专业自觉、专业成长之路。

"写"是一种研究,一种审视,更是职业转变为专业的重要桥梁。如果不审视自己的行为,那么,"此时"就会成为我职业发展的终点。

"复制"名人,在想要发展的读书中,学会关注学生,关注专业成长。书成为我专业成长的"主轴"。

"编辑":生命之书

书,每隔一段时间读一遍,心情、体会都不一样。书还是书,体会却随着生命经验的增加而有丰富的、推陈出新的解释,好像把别人的经验在我们的生命里面重新"编辑"了一次。

隔了几年再读《给教师的一百条建议》,觉得"于我心有戚戚焉"。这种感应在读克里希那穆提的《教育就是解放心灵》、郎登·拜恩的《秘密》和《力量》、傅佩荣的《自我觉醒》等书时,一次次被强化、被震撼,自我在一点点觉醒。在"得天下英才而教育之"的"师生相得"中,收获最大的快乐便是与学生心灵契合。

书,让自我超越环境的限制,开发生命潜能,从身、心、灵一层层往上变化;书,成为超越自我的生命本身。

【我的教育理念】

教育的快乐在于两件事:一是随心所欲,用自己的信念去影响别人,"取得你所要的";二是随遇而安,"享受你所有的"丰富教育资源。教师最好能够随遇而安,依照各种不同的情况去点化一切困难、挫折。

珍惜我们所拥有的一切资源,利用我们所拥有的一切资源,让它们发挥作用。尽力做到最好,遇事能收能放,呈现活泼的生命动力。

后　记

即使我已经主编出版了二十多部书,而且其中绝大多数已经成为热销书、畅销书,但是,当我担纲主编《班主任专业成长——100个千字妙招》、《班主任工作艺术——100个千字妙招》之际还是战战兢兢。因为我知道,现在每年都要出版几百册有关班主任工作的书籍,要想让这两本书有立足之地,要想把这两本书打造成精品,确实不是轻而易举的事情。

于是,我竭尽全力,开始了艰难的跋涉,即使是2011年的除夕也在伏案工作。

我邀请一部分在班主任工作和班主任研究方面卓有建树的知名班主任撰写样稿,仅就出版的个人专著来讲,黎志新出版了2本,钟杰出版了4本,李迪出版了8本,郑立平出版了7本,郑学志出版了25本。厚积而薄发,郑学志、郑立平、李迪、钟杰、王新国、谌志惠、黎志新奉献出精彩的样稿,为以后的征稿树立了标杆,为把这两本书打造成精品提供了保障。

现在这两本书终于问世了,我不仅感谢倾尽心血撰写出样稿的青年朋友,还要感谢五湖四海大力支持我的青年朋友们。他们把最精彩的工作艺术案例、最深刻的专业成长故事用最富有魅力的文字表达出来,组成了这两本书的瑰丽花园。他们精雕细刻,他们殚精竭虑,他们精益求精,他们倾心润色。有不少作者,为了奉献精品,几易其稿。

感谢帮助我约稿、改稿的青年朋友们!郑立平在他的"心语"团队、郑学志在他的"自主教育课题实验"团队、河南省济源市第一中学秦望在他的"8+1"工作室等都做了广泛发动,发来高质量的文章;《班主任》杂志社的周芳、魏强,《班主任之友》编辑部的李菁为我提供了优秀作者资料;天津市南开区教育局德育研究室的卢琪、王平、周智颖,天津市《河西教育》的编辑田学锋,全国知名青年班主任、北京垂杨柳中心小学的郑丹娜,全国知名青年班主任、武汉市东西湖区吴家山三小的管宗珍,北京市丰台区第一小学丰益分校乔静,天津市知名德育特级教师、杨村一中德育副校长周玉波,天津市扶轮中学德育主任习志东,天津市扶轮小学德育副校长刘英,山东省定陶县二中的德育主任牛胜荣、全国知名青年班主任、苏州工业园区星港学校的吴樱花,天津市十佳班主任、天津市塘沽外国语学校李习勤等,发动并组织作者队伍,提供出高质量的征文。从某种角度讲,这两本书是合作的结晶,是众多热衷于班主任工作的有识者、有志者的共同创作。

感谢华东师范大学出版社北京分社社长李永梅!从最初的策划到征稿启事的内容斟酌,李永梅社长参与了这两本书的整个写作流程。就这两本书,我们的通信就超过1万字。

征稿源源不断,最后竟然超过了450篇,而这两本书仅需要200篇文章,为了集思广益,为了防止个人武断,也为了锻炼、提升青年班主任,我邀请13位青年班主任分为几组,按照征稿启事上的要求,对来稿进行筛选。这13位青年班主任积极性很高,认真负责。在提高这两本书的质量方面,这些编外编辑是功不可没的。他们是天津市扶轮中学的李晶、天津市蓟县下营中学的张国东、天津市育红中学的杨杰、山东省定陶县二中的牛胜荣、浙江省文成县实验小学的朱一花、保定市第四职业中学的杨亚敏、河南省濮阳市油田教育中心教研室的韩素静、江苏省无锡市港下中学的谢明尧、山东省宁阳第二中学的王新国、江西省宜春市上高县田心中学的黄长贵、浙江省天台县平桥镇屯桥中学的郑光启、湖南省邵阳县五峰铺镇六里桥中学的刘坚新、福建省漳州市诏安县边城中学的罗少武。

他们认真负责的精神让人感动。韩素静说:"稿子看了好几遍,我挑选后,又让爱人挑选一遍。都挑选上的,肯定是好稿子;有差别的,我们就一起商量了一遍又一遍。"刘坚新说:"我选稿的基本原则是求新。形式、内容、立意最好不落窠臼,读后让人有所得、有所思、有所感。……有些文章的选材有新意,新颖的选材大多能捕获阅读者的眼球,也可以说是对教育叙事文的贡献。有些文章立意新,以生为本,循循善诱,彰显了教育者高超的教育智慧、悲天悯人的宽阔胸襟,读后让人赞赏不已。这样的做法定对广大教育工作者有很深的启迪意义。有些文章的叙事很巧妙,较好的叙述方式也能令平淡的材料花样翻新,悬念迭起。"罗少武说:"为了完成您交给我的任务,我将您征文的要求和这些文章都打印出来了。三天来,我三阅其稿,受益匪浅,甚至感觉比接受了三天的专业培训还受用啊!'筛选的过程也是学习的过程,也是提升的过程。'您提醒得太好了!其实,对我来讲,这个过程还是一个修改文章的锻炼过程。我把在阅读中发现的问题都做了记录,大至文章的立意构思,小至错别字、标点符号。虽有些苦,却也是乐在其中矣!"

以上,我之所以不厌其详地记录下书稿从萌芽到出生的过程,就是想记下前行的足迹,记下为这两本书付出巨大心血的青年朋友们!

参与这两本书写作的青年朋友们,阅读了这两本书的青年朋友们,让我们从今天开始走上班主任专业成长的快车道,让我们从今天开始进一步打造精彩、创造辉煌!

张万祥

2012年5月1日